1ª edición, febrero 2009
2ª edición, marzo 2009
3ª edición, mayo 2009
4ª edición, octubre 2009
5ª edición, febrero 2010

10 ateos cambian de autobús

EDICIONES PALABRA
MADRID

Palabra Hoy
Director de la colección: Ricardo Regidor

Paseo de la Castellana, 210 - 28046 MADRID (España)
Telf.: (34) 91 350 77 20 - (34) 91 350 77 39
www.edicionespalabra.es
epalsa@edicionespalabra.es

Diseño de cubierta: Raúl Ostos
ISBN: 978-84-9840-258-2
Depósito legal: M. 7.933-2010
Impresión: Gráficas Anzos, S.L.
Printed in Spain - Impreso en España

JOSÉ RAMÓN AYLLÓN

10 ateos cambian de autobús

QUINTA EDICIÓN

PALABRA HOY

Índice

A Emilio Nadal,
tan amigo.

Del Autor

Además de cambiar de autobús, nueve de los diez ateos de estas páginas también han cambiado de libro, pues los he rescatado del descatalogado *Dios y los náufragos* después de haber navegado, a velocidad de crucero, durante cuatro ediciones.

Burgos, 14 febrero 2009

Los lenguajes de Dios

Vamos a suponer que quiero contar los átomos de un grano de sal y que soy lo suficientemente rápido como para contar mil millones de átomos por segundo. A pesar de esta notable hazaña, necesitaría más de cincuenta siglos para realizar el censo completo de la población de átomos que contiene ese minúsculo grano de sal.

Jean Guitton
Dios y la ciencia

Los ateos piensan que Dios no existe. Los agnósticos dicen que Dios no habla. Los creyentes creen que Dios no calla. A veces, sin embargo, quienes le niegan o ignoran empiezan a escucharle en el inmenso lenguaje de las galaxias, en el elegantísimo idioma de la genética, en los números increíbles de la física atómica, en la lengua inefable del amor y también en el significado desconcertante del dolor.

Creo que los lectores de estas páginas disfrutarán con los testimonios vigorosos de diez viajeros famosos, que abandonaron el autobús del ateísmo. Como introducción a sus peripecias vitales, dedico el primer capítulo a resumir las razones de los ateos y de los creyentes. La historia dramática de Albert Camus y de Elie Wiesel nos servirá para apreciar mejor la dificultad y radicalidad de esta problemática.

Una pregunta inevitable

Sabemos que las antiguas mitologías proponían divinidades caprichosas y temibles, aceptadas de forma ingenua y acrítica. Pienso que la mitología moderna declara su agnosticismo y ateísmo con la misma ingenuidad y ausencia de sentido crítico. Pero, en uno y otro caso, hemos de reconocer que Dios es la referencia humana más esencial e inevitable.

¿Por qué nos preguntamos necesariamente sobre Dios? En primer lugar, porque nos gustaría descifrar el misterio de nuestro origen y saber quiénes somos. Dice Borges, en tres versos magníficos: *Para mí soy un ansia y un arcano, / Una isla de magia y de temores, / Como lo son, tal vez, todos los hombres.*

En segundo lugar, porque desconocemos el origen del Universo y porque su misma existencia escapa a cualquier explicación científica. Afirma Stephen Hawking que la ciencia, aunque algún día llegue a contestar todas nuestras preguntas, jamás podrá responder a la más importante: Por qué el Universo se ha tomado la molestia de existir.

En tercer lugar, porque el Universo es una gigantesca huella. De hecho, aunque está claro que Dios no entra por los ojos, tenemos de él la misma evidencia racional que nos permite ver detrás de una vasija al alfarero, detrás de un edificio al constructor, detrás de un cuadro al pintor, detrás de una novela al escritor. El mundo –con sus luces, colores y volúmenes– no es problemático porque haya ciegos que no pueden verlo. El problema no es el mundo, sino la ceguera. Con Dios sucede algo parecido, y no es lógico dudar de su existencia porque algunos no le vean.

En cuarto lugar, nos preguntamos sobre Dios porque estamos hechos para el bien, como atestigua constantemente nuestra conciencia. En la tumba de Kant están escritas estas palabras suyas: «Dos cosas hay en el mundo que me llenan de admiración: el cielo estrellado fuera de mí y el orden moral dentro de mí».

En quinto lugar, porque estamos hechos para la justicia. El absurdo que supone, tantas veces, el triunfo insoportable de la injusticia está pidiendo un Juez Supremo que tenga la última palabra. Sócrates dijo que, «si la muerte acaba con todo, sería ventajoso para los malos».

En sexto lugar, porque advertimos que también estamos hechos para la belleza, para el amor, para la felicidad. Y al mismo tiempo comprobamos que nada de lo que nos rodea puede calmar esa sed. Pedro Salinas ha escrito que los besos y las caricias se equivocan siempre: no acaban donde dicen, no dan lo que prometen. Platón se atreve a decir, en una de sus intuiciones más geniales, que el Ser Sagrado tiembla en el ser querido y que el amor provocado por la hermosura corporal es la llamada de otro mundo para despertarnos, desperezarnos y rescatarnos de la caverna donde vivimos.

En séptimo lugar, buscamos a Dios porque vemos morir a nuestros seres queridos y sabemos que nosotros también vamos a morir. Ante la muerte de su hijo Jorge, Ernesto Sábato escribía: «En este atardecer de 1998, continúo escuchando la música que él amaba, aguardando con infinita esperanza el momento de reencontrarnos en ese otro mundo, en ese mundo que quizá, quizá exista».

Cuando el cielo no responde

Después de apuntar brevemente algunos motivos por los que el ser humano busca necesariamente a Dios, entendemos que Hegel haya dicho que no preguntarse sobre Dios equivale a decir que no se debe pensar. Pero también sabemos –como Albert Camus– que cualquier día la peste puede despertar de nuevo a sus ratas para enviarlas a diezmar una ciudad dichosa.

Los biógrafos de Camus, premio Nobel de Literatura

en 1957, atribuyen su profunda incredulidad a una herida que nunca cicatrizó, producida en la adolescencia por el zarpazo del mal. Vivía en Argel, tenía quince o dieciséis años y paseaba con un amigo a la orilla del mar. Se encontraron con un revuelo de gente. En el suelo yacía el cadáver de un niño árabe, aplastado por un autobús. La madre daba alaridos y el padre sollozaba en silencio. Camus, después de unos momentos, señaló el cadáver, levantó la vista al cielo y dijo a su amigo: «Mira, el cielo no responde».

A partir de entonces, cada vez que intenta superar ese impacto, se levanta en él una ola de rebeldía. Le parece que toda solución religiosa tiene que ser necesariamente una falacia, una forma de escamotear una tragedia que no debiera haberse producido nunca. Desde ese suceso, el futuro escritor da la espalda a Dios y se abraza a la religión de la dicha. «Todo mi reino es de este mundo», dirá. Y también: «He deseado ser dichoso como si no tuviera otra cosa que hacer». Pero Camus sufre en sus carnes el golpe brutal de la enfermedad grave. Dos brotes de tuberculosis truncan su carrera universitaria y oscurecen el horizonte azul de un joven que reconoce su pasión hedonista por el sol, el mar y otros placeres naturales. El absurdo se instala en una vida que solo quería cantar. Y es entonces cuando hace decir a *Calígula* esa verdad tan sencilla, tan profunda y tan dura: «los hombres mueren y no son felices».

Para Camus, la felicidad será la asignatura siempre pendiente en el currículum de la humanidad. Una vida abocada a la muerte, convierte la existencia humana en un sinsentido y hace de cada hombre un absurdo. Contra ese destino escribirá *El mito de Sísifo*, donde su solución voluntarista se resume en una línea: «es preciso imaginarse a Sísifo dichoso». Y la dicha de su Sísifo, que bien puede ser Mersault, el protagonista de *El extranjero*, es la autosugestión de creerse feliz. La novela *La peste* representará un nuevo intento de hacer posible la vida dichosa en un mundo sumergido en el caos y abocado a la muerte. Más que una novela, es la radiografía de la generación que ha vivido la Segunda Guerra Mundial. Camus ya no habla de su sufrimiento individual, sino de esa inmensa ola de dolor que sumergió al mundo a partir de 1939. En sus páginas finales nos recuerda que las guerras, las enfermedades, el sufrimiento de los inocentes, la maldad del hombre hacia el hombre..., solo conocen treguas inciertas, tras las cuales reanudarán su ciclo de pesadilla.

¿Dónde estaba Dios el 11-M?

Elie Wiesel, el periodista que acuñó el término *Holocausto,* tenía doce años cuando llegó una noche, en un vagón de ganado, al campo de exterminio de Auschwitz. Entonces vio un foso del que subían llamas gigantescas. Un camión se acercó al foso y descargó su carga: ¡Eran niños! Wiesel vivió para contarlo y decirnos que jamás olvidaría esa primera noche en el campo, que hizo de su vida una larga noche bajo siete vueltas de llave. Que jamás olvidaría esa humareda y las caras de los niños que vio convertirse en humo. Que jamás olvidaría esos instantes que asesinaron a su Dios en su alma y que dieron a sus sueños el rostro del desierto. Que jamás olvidaría ese silencio nocturno que le quitó para siempre las ganas de vivir.

Yo estaba en Madrid el 11-M, el día en que un múltiple atentado reventaba varios vagones de tren, mataba a doscientas personas y hería a más de mil. Me acordé de Wiesel. ¿Dónde estaba Dios? Sé que no es una pregunta original, pues el ser humano la lleva formulando desde que apareció sobre la Tierra y comprobó que su vida es siempre dramática. Pero es una pregunta obligada. La respuesta, en cambio, no lo es. Aunque la existencia del dolor –en concreto, el sufrimiento de los inocentes– es el gran argumento del ateísmo, la humanidad ha creído de forma muy mayoritaria en Dios.

En cualquier caso, si Dios existe, ¿por qué permite el mal? Sin resolver el misterio de esta cuestión, una respuesta clásica dice que Dios puede no crear seres libres, pero, si los crea, no puede impedir que hagan el mal: ha de respetar las reglas que Él mismo ha puesto. Otra de las respuestas tradicionales afirma que, aunque el mal no es querido por Dios, no escapa a su providencia: es conocido, dirigido y ordenado por Él a algún fin. En este sentido, el psiquiatra Viktor Frankl se preguntaba si un chimpancé, al que se ha inyectado una y otra vez para producir la vacuna de la poliomelitis –del SIDA, diríamos hoy–, sería capaz de entender el significado de su sufrimiento. ¿Y no es concebible –concluye– que exista otra dimensión, un mundo más allá del mundo del hombre, un mundo en el que la pregunta sobre el significado último del sufrimiento humano obtenga respuesta?

Lo cierto es que, si Dios es bueno y todopoderoso, Él aparece como último responsable del triunfo del mal, al menos por no impedirlo. Y, entonces, la historia humana se convierte en el juicio a Dios. Hay épocas en las que la opinión pública sienta a Dios en el banquillo. Ya sucedió en el siglo de Voltaire. Y sucede en nuestros días. Cuando el periodista Vittorio Messori interpela sobre este punto al obispo de Roma, la respuesta del Pontífice, sin suprimir el misterio de la cuestión, es de una radicalidad proporcionada a la magnitud del problema: el Dios bíblico entregó a su Hijo a la muerte en la cruz. ¿Podía justificarse de otro modo ante la sufriente historia humana? ¿No es una prueba de solidaridad con el hombre que sufre? El hecho de que Cristo haya permanecido clavado en la cruz hasta el final, el hecho de que sobre la cruz haya podido decir, como todos los que sufren, «Dios mío, Dios mío, ¿por qué me has abandonado?», ha quedado en la historia del hombre como el argumento más fuerte. «Si no hubiera existido esa agonía en la cruz –concluye Juan Pablo II–, la verdad de que Dios es Amor estaría por demostrar».

¡No está lloviendo, el cielo está llorando!, repetían los dos millones de manifestantes que el 12-M paseaban su indignación y su tristeza por las calles de Madrid. Tenían razón: el cielo lloraba, una vez más, la barbarie de esta «especie de los abismos». Pero la última palabra no la tiene el zarpazo del mal, ni el pelotón de psicólogos bienintencionados que no pueden devolver la vida a los muertos. «Hoy mismo estarás conmigo en el Paraíso», prometió Jesucristo a un moribundo torturado en una cruz. Si todos quisimos ser madrileños con las víctimas del salvaje atentado, pienso que Cristo en la cruz fue, aquellos días, más madrileño que ninguno. Y me parece que preguntarse dónde estaba Dios el 11-M solo tiene una respuesta con sentido: Dios estaba clavado en una cruz, precisamente por la barbaridad del 11-M y por todas las barbaridades de la historia humana. Si no fuera así, la Semana Santa sevillana –por poner un ejemplo muy querido y muy nuestro– sería mero folclore. O, con palabras duras de Shakespeare, un cuento que nada significa, representado por una panda de idiotas.

Kant pensaba que Dios existe porque estamos hechos para la justicia. El absurdo que supone, tantas veces, el triunfo insoportable de la injusticia está pidiendo un Juez Supremo que tenga la última palabra. Kant, que no se caracterizaba por su fervor religioso y sí por su razón inquisitiva, también pensaba que no es incompatible el sufrimiento humano con la infinita bondad y omnipotencia de Dios. Con las imágenes madrileñas aún en la retina, estas palabras nos pueden parecer escandalosas, pero Kant nos diría, entonces, que un Dios infinitamente poderoso y bueno bien podría compensar infinitamente cualquier tragedia humana con una eternidad feliz.

San Agustín pone ese mismo argumento en boca de un muerto que ha sumido en el desconsuelo a sus seres queridos. Imaginemos que son palabras de un niño a su madre:

> No llores, si me amas. ¡Si conocieras el don de Dios y lo que te espera en el Cielo! ¡Si pudieras oír el cántico de los ángeles y verme en medio de ellos! ¡Si por un instante pudieras contemplar, como yo, la Belleza ante la que palidecen las bellezas! ¿Me has amado en el país de las sombras y no te resignas a verme en el de las realidades eternas? Créeme: cuando llegue el día que Dios haya fijado para que vengas a este Cielo donde yo te precedo, volverás a ver a quien siempre te ama y encontrarás mi corazón con todas las ternuras purificadas. Me encontrarás transfigurado, feliz, no esperando la muerte, sino avanzando contigo por los senderos de la luz. Por tanto, enjuga tus lágrimas y no llores, si me amas.

El argumento

Cuenta Jiménez Lozano que iban a fusilar al sacristán y a varios vecinos del pueblo. Ya los tenían contra la tapia del cementerio, al amanecer, cuando llegó el cura en una burra como un castillo. Dio los buenos días en seco y quiso interceder ante los milicianos. Pero le contestaron de mala manera y le aconsejaron que se largara. Entonces se apeó de la burra y dijo mansamente a los fusiladores: «Que es que no me habéis entendido». Ante sus burlas, el cura se puso nervioso y colorado, se arremangó la sotana, frunció las cejas negras como un tizón, aclaró el vozarrón de los grandes sermones y ordenó que soltaran a aquellos desgraciados. «¡En el acto!», tronó. Y entonces se hizo un espeso silencio. Y le hicieron caso. No por la orden tajante, ni por la navaja que abría entre sus manos. Obedecieron porque les miró de frente y esgrimió el argumento: «Que os lo digo yo..., que he sido capador».

A los pocos días de leer esta historia, Ima Sanchís me preguntó en Barcelona por el argumento. Se refería a otra cosa, claro, pero a mí me hizo gracia por asociación. Con la prisa propia de los periodistas, había ojeado *Dios y los náufragos* y pedía a su autor una especie de silogismo irrefutable para llegar a Dios, un atajo directo y bien señalizado. Era en julio y hacía bochorno, pero en la redacción de *La Vanguardia* el aire acondicionado venía directamente del Ártico. Ima se enfundó mi cazadora y la cerró hasta el cuello para no morir congelada. Después preparó la grabadora y disparó a bocajarro. Su pregunta, más allá de la legítima curiosidad intelectual, sonaba a súplica, a búsqueda sincera. Entonces le hablé de las grandes pruebas cosmológicas y escogí una de sus más bellas formulaciones:

> Pregunta a la hermosura de la tierra, del mar, del aire dilatado y difuso. Pregunta a la magnificencia del cielo, al ritmo acelerado de los astros, al sol –dueño fulgurante del día– y a la luna –señora esplendente y temperante de la noche–. Pregunta a los animales que se mueven en el agua, a los que moran en la tierra y a los que vuelan en el aire. Pregunta a los espíritus que no ves y a los cuerpos cuya evidencia te entra por los ojos. Pregunta al mundo visible, que necesita ser gobernado, y al invisible, que es quien gobierna. Pregúntales a todos, y todos te responderán: «míranos; somos hermosos». Su hermosura es una confesión. ¿Quién hizo, en efecto, estas hermosuras imperfectas sino el que es la hermosura perfecta?

Es un célebre texto de san Agustín. Y, para que Ima no pensara que la argumentación sobre Dios es cosa de santos, leí a continuación el epitafio que don Pedro Pidal, marqués de Villaviciosa de Asturias, escribió para su propia tumba:

> Enamorado del Parque Nacional de la Montaña de Covadonga, en él desearía vivir, morir y reposar eternamente. Pero esto último en Ordiales, en el reino encantado de los rebecos y las águilas, allí donde conocí la felicidad de los cielos y de la tierra, allí donde pasé horas de admiración, ensueño y transporte inolvidables, allí donde adoré a Dios en sus obras como a Supremo Artífice, allí donde la naturaleza se me apareció verdaderamente como un templo.

A Ima, inteligente y guapa, el Dios de los filósofos le sabe a poco. Y más cuando son los mismos filósofos los que le niegan y se contradicen entre sí. La periodista es hija de su tiempo, un tiempo de dudas e increencia, heredero al mismo tiempo de Voltaire y Descartes, de Comte y Nietzsche, de Marx y Darwin. Piensa, con razón, que un Dios concebido como Causa o Inteligencia suprema no da razón de la sinrazón humana, del dolor inmenso acumulado durante siglos de esclavitud y guerras, enfermedades e injusticia. «¿Por qué se convierten los conversos famosos? ¿Cómo responde el Dios de los conversos al misterio del mal, al escándalo del sufrimiento humano?».

La pregunta no se podía formular mejor, y exigía una respuesta a la altura del problema. Ima se quedó sorprendida al escuchar que todos los conversos coinciden en su respuesta, y que no es precisamente un argumento, sino una Persona. La diferencia entre entender un argumento y conocer a una persona es grande: no se conoce bien a nadie en dos minutos ni en dos horas ni en dos meses. Por eso los conversos se toman su tiempo. Mucho más tiempo del que dura una entrevista para la prensa. El tiempo que se tomó Dostoievski, preso en Siberia cinco años, para entender y resumir el argumento definitivo de los conversos, tan diferente al del capador:

> Soy hijo de este siglo, hijo de la incredulidad y de las dudas, y lo seguiré siendo hasta el día de mi muerte. Pero mi sed de fe siempre me ha producido una terrible tortura. Alguna vez, Dios me envía momentos de calma total, y en esos momentos he formulado mi credo personal: que nadie es más bello, profundo, comprensivo, razonable, viril y perfecto que Cristo. Pero además –y lo digo con un amor entusiasta– no puede haber nada mejor. Más aún: si alguien me probase que Cristo no es la verdad, y si se probase que la verdad está fuera de Cristo, preferiría quedarme con Cristo antes que con la verdad.

El lenguaje del amor

Hace tiempo escribí dos novelas sobre un chico de Vigo y una chica de Barcelona. Ella cambiaba de ciudad y se matriculaba en el instituto del muchacho. Intenté pintar el paisaje y la vida de un grupo de amigos jóvenes, con sus típicas relaciones. Reconozco que escribí con esmero, pues pretendía un canto a la amistad y una historia de amor. Después llegaron las cartas y correos de los lectores, sobre todo, adolescentes que se veían reflejados en esas páginas. En algunos casos, tan reflejados como en un espejo. Marta, por ejemplo, que también era nueva en un instituto, escribía: «Supongo que no me va a creer si le digo que me ha pasado lo mismo que a Paula en su novela: hay un chico muy especial que me llena con las miradas furtivas que me lanza en clase». Marta resumía toda la intensidad de su sentimiento con una frase mínima y magnífica: «Dios mío, nunca pensé que fuera a sentir tanto con tan poco».

Amigo de los matices, reconozco que me gustó especialmente ese «Dios mío». Quizá, de forma inconsciente, esa espontánea invocación daba la clave de todo lo que el amor tiene de complejo y misterioso. Si por sus obras consideramos geniales a Mozart y a Leonardo, a Vivaldi y a Goya, la persona que amamos –tierna o apasionadamente– se nos presenta como una obra maestra del mismísimo Creador. Ante nuestros ojos deslumbrados, ese primer amor, ese hijo, esa esposa, llevan impreso el sello del Artista con mayúscula, y verlos de otra manera nos parecería rebajarlos de forma inaceptable.

Los ejemplos que se podrían aportar son innumerables. Un día de otoño de 1896, Chesterton conoció a Frances Blogg y se enamoró de ella. Aquella noche escribió, en la soledad de su habitación, que Frances sería la delicia de un príncipe, y que Dios creó el mundo y puso en él reyes, pueblos y naciones solo para que así se lo encontrara ella. Después escribió a la muchacha para decirle que «cualquier actriz conseguiría parecerse a Helena de Troya con una barra de labios y un poco de maquillaje, pero ninguna podría parecerse a ti sin ser una bendición de Dios». Lo curioso es que Chesterton, en aquellos años, se declaraba agnóstico.

Las palabras de Chesterton nos sugieren una segunda razón para entender el amor en clave divina. Experimentamos la amistad íntima y el amor profundo como regalos inmerecidos –¿por qué a mí?–, que proceden de una generosidad imposible entre los hombres. Ana Frank se enamoró de Peter Van Daan en su escondrijo. Ella tenía catorce años, tres menos que él, pero la vivacidad de la chiquilla y la timidez del muchacho compensaban la diferencia de edad. En páginas encantadoras de su Diario,

Ana interpreta esa amistad y ese amor como un regalo divino. El 7 de marzo de 1944 escribe que «por las noches, cuando termino mis oraciones dando gracias por todas las cosas buenas, queridas y hermosas, oigo gritos de júbilo dentro de mí, porque pienso en esas cosas buenas como nuestro refugio, mi buena salud o mi propio ser, y en las cosas queridas como Peter».

Podríamos demostrar esa generosidad divina, de forma indirecta, al constatar que, en el nacimiento de una amistad profunda o de un amor intenso, hubo siempre un encuentro que bien podría no haberse producido. Bastaría con haber nacido en otra calle y haber estudiado en otro colegio, en otra universidad, para que no hubiéramos conocido a nuestros mejores amigos, para que no concurrieran las casualidades que nos han unido. Aunque es muy posible que las casualidades no existan. Chesterton, Marta y Ana Frank vienen a decirnos que casualidad es el nombre que damos a la Providencia cuando no hablamos con propiedad. En ese sentido, en su célebre ensayo sobre la amistad, C. S. Lewis sospecha que un invisible Maestro de Ceremonias es quien nos ha presentado a nuestros mejores amigos, y de ellos quiere valerse para revelarnos la belleza de las personas: una belleza que procede de Él y a Él debe llevarnos.

Sentimos que el amor despierta en nosotros una sed de felicidad que no puede aplacarse. De hecho, la inflamación amorosa provocada por la belleza corporal deja siempre el sabor agridulce de una promesa incumplida. Por eso, los griegos nos dicen que el amor es hijo de la riqueza y la pobreza, con esa doble herencia: rico en deseos y pobre en resultados. Uno de ellos, Platón, interpreta esa contradictoria naturaleza en clave divina y afirma que el Ser Sagrado tiembla en el ser querido. También sospecha que el amor es, en el fondo, una llamada de los dioses, una forma sutil de hacernos entender que, después de la muerte, nos espera otro mundo donde se colmará nuestra sed de plenitud.

Concluyo con unos versos que resumen lo que he intentado explicar en este epígrafe: las tres razones que nos llevan a interpretar el amor en clave divina. Pertenecen al poema *Esposa,* de Miguel d'Ors:

Con tu mirada tibia
alguien que no eres tú me está mirando: siento
confundido en el tuyo otro amor indecible.
Alguien me quiere en tus *te quiero*, alguien
acaricia mi vida con tus manos y pone
en cada beso tuyo su latido.
Alguien que está fuera del tiempo, siempre
detrás del invisible umbral del aire.

El lenguaje de las galaxias

Los pioneros de las grandes disciplinas científicas han sido hombres convencidos de que en la realidad estudiada iban a encontrar una profunda racionalidad, huella de un diseño divino. Bastaría con citar a Copérnico, Kepler, Galileo o Newton como exponentes cualificados de un catálogo abrumador. Pero esta armonía intelectual entre lo humano y lo divino se rompe en el siglo XIX con el Positivismo. Desde entonces se oye con frecuencia que la ciencia pertenece al mundo real, mientras que Dios es un invento de la imaginación humana. Sin embargo, el materialismo positivista no es la última palabra. Como decía Pasteur, un poco de ciencia aleja de Dios, pero mucha devuelve a Él. Hoy, más allá de las apariencias empíricas, la Astrofísica roza de manera sorprendente el enigma fundamental con que se enfrenta el espíritu humano: la existencia de un Ser trascendente, causa y significado del Universo.

¿Por qué hay algo en lugar de nada? ¿Por qué apareció el Universo? Ninguna ley física que se deduzca de la observación permite responder a estas preguntas. Sin embargo, las mismas leyes nos autorizan a describir con precisión lo que sucedió al comienzo, entendiendo por comienzo 10^{-43} segundos después del tiempo cero, ese límite infranqueable que los físicos llaman «muro de Planck». En ese tiempo lejano, hace catorce mil millones de años, todo lo que contiene el Universo –planetas, soles y miles de millones de galaxias– estaba concentrado en una pequeñez inimaginable, apenas una chispa en el vacío. En ese tiempo increíblemente pequeño, el universo entero, y todo lo que será más tarde, está contenido en una esfera de 10^{-33} centímetros, es decir, miles y miles y miles de millones de veces más pequeña que el núcleo de un átomo.

Por tanto, todo lo que conocemos procede de un océano infinito de energía, que tiene la apariencia de la nada. Por supuesto, desconocemos de dónde viene ese primer «átomo de realidad», origen del inmenso tapiz cósmico que, en un misterio casi total, se extiende hoy en el espacio y en el tiempo. Lo que sí conocemos es el fantástico ajuste con que está formado ese tapiz. Toda la realidad descansa sobre un pequeño número de constantes cosmológicas: menos de quince. Conocemos el valor de cada una de ellas con notable precisión. Ahora bien, a poco que hubiera sido modificada una sola de esas constantes, el Universo –al menos, tal como lo conocemos– no habría podido aparecer.

¿Sería posible que esta increíble complejidad fuera fruto del azar? Igor Bogdanov explica que se han programado computadoras «para producir azar». Y que esos ordenadores deberían estar calculando durante miles y miles y miles de millones de años –es decir, durante un tiempo casi infinito–, antes de que pudiese aparecer una combinación de números comparable a la que ha permitido la eclosión del Universo y de la vida.

Por ello –observa Jean Guitton–, a los conceptos de espacio, tiempo y causalidad es preciso añadir un *principio de sincronización*. Porque en el origen del Universo no hay nada aleatorio, no hay azar, sino un grado de orden infinitamente superior a todo lo que podemos imaginar. Orden supremo que regula las constantes físicas, las condiciones iniciales, el comportamiento de los átomos y la vida de las estrellas. Un principio poderoso, libre, infinito, misterioso, implícito, invisible, experimentable, eterno y necesario, que *está ahí*, detrás de los fenómenos, muy por encima del universo y presente en cada partícula.

El lenguaje de la vida

Una célula viva está compuesta por una veintena de aminoácidos que forman una cadena compacta. La función de estos aminoácidos depende, a su vez, de 2.000 enzimas específicas. Los biólogos han calculado que la probabilidad de que un millar de enzimas diferentes, durante miles de millones de años, se unan ordenadamente para formar una célula es del orden de 1 entre $10^{1.000}$, que es tanto como decir que la probabilidad es nula. Ello llevó a Francis Crick, premio Nobel de Biología por el descubrimiento del ADN, a concluir en idéntico sentido:

> Un hombre honesto, que estuviera provisto de todo el saber que hoy está a nuestro alcance, debería afirmar que el origen de la vida parece un milagro, a juzgar por tantas condiciones como es preciso reunir para establecerla.

Una vez originadas, el verdadero problema que hubieron de afrontar estas células arcaicas fue el de la reproducción. ¿Cómo inventaron esas primerísimas células las innumerables estratagemas que han conducido hasta el prodigio de la reproducción? Una vez más, una ley escrita en el corazón mismo de la materia permitió el milagro: el primer esbozo de código genético. El azar se descarta de nuevo:

> Ninguna de las operaciones mencionadas pudo llevarse a cabo por azar. Para que la unión de los nucleótidos produzca por azar una molécula de ARN utilizable, es necesario que la naturaleza multiplique a ciegas los ensayos durante al menos 10^{15} años, es decir, un tiempo cien mil veces más largo que la edad total de nuestro Universo.

Por lo que vemos, la aventura de la vida proviene de una tendencia universal de la materia a organizarse espontáneamente en sistemas cada vez más heterogéneos. Pero ¿por qué la naturaleza produce orden? No se puede responder, si no se recuerda esto: el Universo parece haber sido regulado minuciosamente con el fin de permitir la aparición de una materia ordenada, de la vida después y, por fin, de la conciencia. Como subraya el astrofísico Hubert Reeves, si las leyes físicas no hubieran sido exactamente como son, no estaríamos aquí para contarlo. Más aún: si en un principio alguna de las grandes constantes universales como la gravitación, la velocidad de la luz o la constante de Planck hubiera sufrido una mínima alteración, el Universo no habría tenido ninguna posibilidad de albergar seres vivos e inteligentes; incluso es posible que él mismo no hubiera aparecido jamás. Cito de nuevo a Jean Guitton:

> Tengo entre mis manos esta sencilla flor. Algo espantosamente complejo: la danza de miles y miles de millones de átomos –cuyo número supera al de todos los posibles seres que se puedan contar sobre nuestro planeta, al de los granos de arena de todas las playas–, átomos que vibran y oscilan en equilibrios inestables. Miro la flor y pienso: en nuestro Universo existe algo semejante a aquello que los antiguos filósofos llamaron «formas», es decir, tipos de equilibrio que explican que los objetos son *así* y no de otra manera.

Ahora bien, ninguno de los elementos que componen un átomo, nada de lo que sabemos sobre las partículas elementales, puede explicar *por qué* y *cómo* existen tales equilibrios. Estos se apoyan en una causa que, en sentido estricto, no me parece que pertenezca a nuestro universo físico.

1. Francis COLLINS

La ciencia tiene su campo de acción en la exploración de la naturaleza, pero es incapaz de decirnos por qué existe el Universo, qué significado tiene nuestra vida o qué podemos esperar después de la muerte.

El norteamericano Francis Collins es un médico genetista, director –en su país– del Instituto Nacional para la Investigación del Genoma Humano. Entre otros muchos galardones ha sido premio Príncipe de Asturias en 2001, y pertenece a la élite de la ciencia mundial.

En una época que suele esgrimir la ciencia como prueba fehaciente de la no existencia de Dios, Collins se descuelga con el argumento contrario: el tránsito del ateísmo a la fe, guiado por la razón y las conquistas científicas. Lo explica con amenidad en un libro cuyo título original –*The language of God*– es una bella metáfora del genoma, perdida en el *¿Cómo habla Dios?* de la traducción española. Al empezar a leerlo, el autor nos revela su propósito de «explicar cómo un científico especialista en genética llegó a creer en un Dios que está por encima del espacio y del tiempo e interesado en los asuntos de cada persona».

Una anciana y C. S. Lewis

Tras una infancia y una juventud sin formación religiosa, Collins obtiene un doctorado en Fisicoquímica en Yale. Tiene veintidós años, está casado y se ve a sí mismo como un agnóstico que no desea rendir cuentas ante nadie, «con ese patrón de pensamiento y de conducta que C. S. Lewis denomina *ceguera deliberada*». Sus ídolos son Einstein, Bohr, Heisenberg y Paul Dirac. Al leer la biografía de Einstein y descubrir que no cree en el Dios de la Biblia, «reforcé mi conclusión de que ningún científico inteligente podía sostener seriamente la posibilidad de la existencia de Dios sin cometer alguna clase de suicidio intelectual. Así que pasé del agnosticismo al ateísmo».

Después estudia Medicina y se asombra de la seguridad y la paz que la fe comunica a muchos de sus pacientes, a pesar de todo su sufrimiento. Un día, una viejecita que sufría por una severa e incurable angina de pecho, le preguntó qué era lo que él creía. La pregunta era pertinente, pues habían hablado de la vida y de la muerte muchas veces, y ella le había confiado sus convicciones cristianas.

> Sentí que mi cara enrojecía mientras balbucía «no estoy seguro». Su sorpresa ante mi respuesta puso de relieve un problema del que había estado huyendo durante toda mi vida: nunca había considerado seriamente las razones a favor o en

> contra de la fe. Caer en la cuenta de esto fue una experiencia aterradora. Si mi posición atea no era sólida, ¿tendría que asumir la responsabilidad de algunas acciones sobre las que no quería ser juzgado? ¿Debía dar cuentas a alguien además de a mí mismo? La pregunta era demasiado imperiosa para evitarla.

Collins va entonces a visitar a un ministro metodista, que después de escucharle atentamente toma un pequeño libro de su estantería y le sugiere que lo lea. Se trata de *Mero Cristianismo,* de C. S. Lewis, el célebre autor de las *Crónicas de Narnia.*

> Mientras lo leía, me daba cuenta de que mis ideas contra la fe eran pueriles. Lewis parecía conocer todas mis objeciones, a veces antes de que yo terminara de formularlas. Cuando me enteré de que había sido ateo, comprendí por qué sabía tanto de mi camino: también había sido el suyo.

El argumento que más le impresiona es la fuerza que en todos los seres humanos tiene la obligación moral. Una obligación presente tanto en el niño que se queja porque algo «no es justo», como en los debates éticos de la medicina o en la invocación a unos Derechos Humanos que nadie en su sano juicio puede negar. Un deber moral exclusivo del hombre, imposible de explicar con el esquema evolucionista de la selección natural, pues me pide curar al enfermo, intentar la recuperación del que se muere y salvar al hombre que se está ahogando, incluso si es mi enemigo y arriesgo mi propia vida.

Esta ley moral no es específica de ninguna cultura, pues en sus líneas fundamentales es la misma para todas. Por eso tampoco es un producto cultural, como pueden serlo la multitud de lenguas habladas por los hombres. Entonces, si no procede de la cultura ni de la biología, ¿de dónde procede? Veamos la respuesta que Collins encuentra en Lewis:

> Si Dios es externo y diferente al mundo, no le podemos identificar con nada de lo que hay en el mundo, de la misma manera que un arquitecto no puede ser identificado con las paredes o las escaleras de sus edificios. La única forma de mostrarse a nosotros sería dentro de nosotros mismos, como una sugerencia o mandato para obrar de determinada manera. Y eso es exactamente lo que encontramos dentro de nosotros mismos.

Estas palabras de Lewis le resultan plenamente convincentes a Francis Collins:

> Al encontrar este argumento a los veintiséis años, su lógica me dejó pasmado. Aquí dentro, escondido en mi propio corazón de forma tan familiar como la experiencia diaria, surgía un principio esclarecedor: la ley moral que iluminaba los rincones de mi infantil ateísmo.
>
> Empecé un viaje de exploración intelectual para confirmar mi ateísmo, que se arruinaba a medida que la ley moral y otras muchas cuestiones me empujaban a admitir la hipótesis de Dios. El agnosticismo –refugio de segunda mano– se me mostraba como una gran evasiva, y creer en Dios me parecía más racional que no creer.

El lenguaje bioquímico de Dios

El genoma humano son las instrucciones de construcción del cuerpo humano. Se trata de un texto de tres mil millones de caracteres, escrito en cada una de nuestras células con un alfabeto de cuatro letras. Ese texto –como digo– lo poseen cada una de los miles de millones de células de un cuerpo humano, en sus moléculas de ADN. Fue descubierto por Watson y Crick, a mediados del siglo XX, pero no fue descifrado hasta el año 2000.

Al terminar su doctorado en Bioquímica, Francis Collins decide matricularse en Medicina. En un curso de genética queda «maravillado con la elegancia del código del ADN» y su enorme capacidad terapéutica: «Para mí, como médico, la posibilidad de abrir las páginas del libro de texto más poderoso de la Medicina resultaba extremadamente atractiva». Años más tarde, cuando Watson abandona la dirección del Proyecto Genoma Humano, todo el proceso de selección del nuevo líder apunta a Collins, que toma el relevo y trabaja una década «en una montaña rusa desbocada de experiencias». Su equipo de investigadores trabaja de forma simultánea en veinte centros repartidos por seis países diferentes, y logra transcribir 1.000 pares básicos por segundo. A finales de abril de 2000, los dos mil científicos coordinados por Collins habían logrado la hazaña de terminar un borrador inicial.

> Así fue como me encontré de pie, junto al Presidente de los Estados Unidos, en la Sala Este de la Casa Blanca, el 26 de junio de 2000, anunciando que se había transcrito el primer borrador del libro de instrucciones del cuerpo humano, y que el lenguaje de Dios había sido revelado.

El Presidente Bill Clinton tuvo el privilegio de anunciarlo al mundo con estas palabras:

> Sin duda, este es el mapa más importante y maravilloso jamás producido por la humanidad. Hoy estamos aprendiendo el lenguaje con el que Dios creó la vida.

Collins continuó tres años liderando el Proyecto Genoma. Para él, como cristiano, la revelación de la secuencia del genoma humano tenía un significado especial, pues se trataba del texto con el que Dios daba a miles de millones de seres humanos la orden de vivir.

> Me sentía sobrecogido al explorar el más importante de todos los textos biológicos. Ciertamente está escrito en un lenguaje que apenas entendemos, y se requerirán décadas o siglos para comprender todas sus instrucciones, pero hemos cruzado un puente hacia un territorio profundamente nuevo.

Después de estas palabras, Collins nos recuerda que el propósito de su libro no es cantar las excelencias de sus investigaciones, sino reflexionar sobre la profunda armonía entre la ciencia y la creencia en Dios:

> El Dios de la Biblia es también el Dios del genoma. Se le puede adorar en la catedral o en el laboratorio, porque su creación es majestuosa, sobrecogedora, complejísima y bella, y no puede estar en guerra consigo misma. Solo nosotros, humanos imperfectos, podemos iniciar tales batallas. Y solo nosotros podemos terminarlas.

Implicaciones teológicas del Big Bang

Francis Collins nos cuenta que Copérnico, al descubrir que la Tierra gira alrededor del Sol, también descubrió una oportunidad de celebrar la grandeza de Dios, como él mismo reconoce:

> Conocer las poderosas obras de Dios; comprender su sabiduría, majestad y poder; apreciar el funcionamiento de sus leyes ha de ser, con toda seguridad, un modo adecuado y gustoso de ado-

> rar al Altísimo, pues la ignorancia no puede ser más agradecida que el conocimiento.

En esa línea de reflexión sobre la armonía entre la fe cristiana y la ciencia, Collins dedica un sugestivo capítulo al origen del Universo. Y nos recuerda que su expansión –observada, medida y publicada por Edwin Hubble en 1929– ha dado pie a un diluvio de mediciones y a una conclusión admitida por casi todos los físicos y cosmólogos: que el Universo nació hace catorce mil millones de años, en un momento bautizado por Fred Hoyle como Big Bang. Esa Gran Explosión implica necesariamente otra pregunta: ¿qué o quién la provoca? Es decir: ¿qué había antes del Big Bang? Collins cita en este punto al prestigioso astrofísico Robert Jastrow:

> Para el científico que ha vivido de la creencia en el poder de la razón, la historia de la ciencia concluye como una pesadilla: ha escalado la montaña de la ignorancia, está a punto de conquistar el pico más alto y, cuando trepa al último peñasco, salen a darle la bienvenida un montón de teólogos que estaban allí sentados desde hace siglos.

En otra página de *Dios y los astrónomos,* el agnóstico Jastrow –que ha sido director del Instituto de Estudios Espaciales de la NASA– afirma que el relato bíblico del *Génesis* coincide, en lo esencial, con el relato de la Astrofísica. Y añade: «la cadena de hechos que desemboca en el hombre comenzó repentinamente en un momento concreto, como un relámpago de luz y energía». Después de recoger esa cita, Francis Collins apostilla:

> Tengo que estar de acuerdo. El Big Bang exige una explicación divina, obliga a la conclusión de que el Universo tuvo un inicio definido. No veo cómo la naturaleza se hubiera podido crear a sí

misma. Solo una fuerza sobrenatural, fuera del espacio y del tiempo, podría haberlo hecho.

Cierro este resumen del itinerario intelectual de Collins con unas palabras que me parecen especialmente esclarecedoras:

> ¿Todavía existe la posibilidad de lograr una armonía fecunda entre la visión científica y la visión religiosa del mundo? Yo respondo con un sonoro ¡SÍ! En mi opinión, no existe ningún conflicto para creer en un Dios que se preocupa personalmente de cada uno de nosotros y ser, al mismo tiempo, un científico riguroso. La ciencia tiene su campo de acción en la exploración de la naturaleza, pero es incapaz de decirnos por qué existe el Universo, qué significado tiene nuestra vida o qué podemos esperar después de la muerte.

2. Ernesto SÁBATO

En la soledad de mi cuarto, abatido por la muerte de Jorge, me he preguntado qué Dios parece esconderse detrás del sufrimiento.

En 1998, con casi noventa años de edad, embarcado «en este complejo, contradictorio e inexplicable viaje hacia la muerte que es la vida de cualquiera», Ernesto Sábato (1911) escribe *Antes del fin.* Un libro atípico, testamento intelectual y existencial de un novelista y ensayista también atípico, comprometido desde su juventud con la justicia, enamorado de la belleza, obsesionado por la verdad, por el sentido de «los hechos fundamentales de la existencia: el nacimiento, el amor, el dolor y la muerte».

¿Para quién escribe *Antes del fin?*

Sobre todo, para los adolescentes y jóvenes, pero

> también para los que, como yo, se acercan a la muerte, y se preguntan para qué y por qué hemos vivido y aguantado, soñado, escrito, pintado o, simplemente, esterillado sillas.

Además, este libro «quizá ayude a encontrar un sentido de trascendencia en este mundo plagado de horrores», donde también descubrimos en la belleza de la naturaleza, en la emoción del arte, en la nobleza de tantos gestos humanos, «modestísimos mensajes que la Divinidad nos da de su existencia».

Sábato reflexiona al hilo de su propia biografía, que resume como «una vida llena de equivocaciones, desprolija, caótica, en una desesperada búsqueda de la verdad».

> Hacia los dieciséis años empecé a vincularme con grupos anarquistas y comunistas, porque nunca soporté la injusticia social.
>
> En medio de la crisis total de la civilización que se levantó en Occidente por la primacía de la técnica y los bienes materiales, miles de muchachos volvimos los ojos hacia la gran revolución que en Rusia pareció anunciar la libertad del hombre.

Con el tiempo, ese muchacho idealista abandona el marxismo-leninismo, «dada la convicción profunda que tenía sobre ese disparate filosófico», y «todos los diálogos, las experiencias que conocí a través de militantes de otros países, acabaron por agrietar ya en forma irreversible la frágil construcción que en mi mente se vino abajo».

El joven nacido en la Pampa ha emprendido con éxito una carrera altamente especializada en el mundo científico y llega incluso a trabajar en el laboratorio Curie de París. Pero reconoce que allí, «en una de las más altas metas a las que podía aspirar un físico, me encontré vacío de sentido». Y buscó refugio en la escritura.

> Extraviado en un mundo en descomposición, entre restos de ideologías en bancarrota, la escritura ha sido para mí el medio fundamental, el más absoluto y poderoso que me permitió expresar el caos en que me debatía.

El vacío de sentido que siempre ha oprimido a Sábato está relacionado con el más perverso de los efectos del progreso científico y económico: la cosificación del hombre, su deshumanización. Ya denunció ese peligro en 1959, cuando publicó *Hombres y engranajes:*

> El capitalismo moderno y la ciencia positiva son las dos caras de una misma realidad desposeída de atributos concretos, de una abstracta fantasmagoría de la que también forma parte el hombre, pero no ya el hombre concreto e individual, sino el hombre-masa, ese extraño ser con aspecto todavía humano, con ojos y llanto, voz y emociones, pero en verdad engranaje de una gigantesca maquinaria anónima. Este es el destino contradictorio de aquel semidiós renacentista que reivindicó su individualidad, que orgullosamente se levantó contra Dios, proclamando su voluntad de dominio y transformación de las cosas. Ignoraba que también él llegaría a transformarse en cosa.

Sábato ilustra eficazmente esa lacerante deshumanización en tristes páginas sobre el terrorismo internacional, los conflictos bélicos de fin de siglo o la explotación infantil, y confirma que Hannah Arendt tenía razón al afirmar, ya en los años cincuenta, que la crueldad del siglo XX sería insuperable.

En la vejez de Sábato, el dolor repite su zarpazo insoportable con la muerte de su mujer y de su hijo.

> Paso junto a la puerta del cuarto donde murió

> Matilde, luego de una dura y larga enfermedad que la dejó postrada durante años (...). ¡Cuánta congoja! Cómo va quedándose a oscuras esta casa en otro tiempo llena de los gritos de los niños, de cumpleaños infantiles, de los cuentos que Matilde inventaba por la noche para dormir a los nietos. Qué lejos, Dios mío, aquellas tardes en que venían a conversar con ella sus amigos.
>
> En sus años finales, cuando la he visto desolada por la enfermedad, es cuando más profundamente la quise.

El dolor, como hemos visto repetidamente, despierta de manera acuciante la pregunta sobre Dios. Un Dios cuya existencia o cuya bondad son salpicadas por el propio dolor y sufren entredicho.

> La tarde desaparece imperceptiblemente, y me veo rodeado por la oscuridad que acaba por agravar las dudas, los desalientos, el descreimiento en un Dios que justifique tanto dolor.
>
> En este atardecer de 1998, continúo escuchando la música que él amaba, aguardando con infinita esperanza el momento de reencontrarnos en ese otro mundo, en ese mundo que quizá, quizá exista.
>
> ¿Cómo mantener la fe, cómo no dudar cuando se muere un chiquito de hambre, o en medio de grandes dolores, de leucemia o de meningitis, o cuando un jubilado se ahorca porque está solo, viejo, hambriento y sin nadie?

Al mismo tiempo, Dios es ardientemente deseado como garantía de inmortalidad y como Padre compasivo.

> Después de la muerte de Jorge ya no soy el mismo, me he convertido en un ser extremadamente

necesitado, que no para de buscar un indicio que muestre esa eternidad donde recuperar su abrazo.

En mi imposibilidad de revivir a Jorge, busqué en las religiones, en la parapsicología, en las habladurías esotéricas, pero no buscaba a Dios como una afirmación o una negación, sino como a una persona que me salvara, que me llevara de la mano como a un niño que sufre.

Hace poco he visto por televisión a una mujer que sonreía con inmenso y modesto amor. Me conmovió la ternura de esa madre de Corrientes o del Paraguay, que lagrimeaba de felicidad junto a sus trillizos que acababan de nacer en un mísero hospital, sin abatirse al pensar que a estos, como a sus otros hijos, los esperaba el desamparo de una villa miseria, inundada en ese momento por las aguas del Paraná. ¿No será Dios que se manifiesta en esas madres?

Como Antonio Machado escribió de sí mismo, vemos a Ernesto Sábato siempre buscando a Dios entre la niebla. «Un Dios en cuya fe nunca me he podido mantener del todo, ya que me considero un espíritu religioso, pero a la vez lleno de contradicciones».

Muchos se han cuestionado la existencia de ese Dios bondadoso, que, sin embargo, permite el sufrimiento de seres totalmente inocentes. Una santa como Teresa de Lisieux tuvo dudas hasta momentos antes de su muerte; y, en medio del tormento, las hermanas la oyeron decir: «Hasta el alma me llega la blasfemia». Von Balthasar dice que, mientras hubiera alguien que sufriese en la tierra, la sola idea del bienestar celestial le producía una irritación semejante a la de Ivan Karamazov. Sin embargo, luego muere en la fe más

> inocente, absoluta, como también Dostoievski, Kierkegaard y el endemoniado Rimbaud, que en su lecho suplica a la hermana que le suministren los sacramentos.
>
> Y entonces, cuando abandono esos razonamientos que acaban siempre por confundirme, me reconforta la imagen de aquel Cristo que también padeció la ausencia del Padre.

Al final:

> Yo oscilo entre la desesperación y la esperanza, que es la que siempre prevalece (...). Por la persistencia de ese sentimiento tan profundo como disparatado, ajeno a toda lógica –¡qué desdichado el hombre que solo cuenta con la razón!–, nos salvamos, una y otra vez.

3. Fiódor DOSTOIEVSKI

¿Qué haremos, si Dios no existe, si resulta que Rakitin tiene razón al pretender que es una idea inventada por la humanidad? En ese caso, el hombre sería el rey del mundo. Magnífico. Pero yo me pregunto cómo podría obrar bien sin Dios, a quién amaría el hombre entonces, a quién cantaría himnos de alabanza.

Con novelas como *Crimen y castigo, El idiota* y *Los hermanos Karamazov*, Fiódor Dostoievski (1821-1881) ocupa un lugar de honor en la historia de la literatura universal. Toda la vida del escritor estará marcada y agitada por una enfermedad nerviosa (la epilepsia), el endeudamiento económico y una condena a muerte conmutada por varios años de prisión en Siberia.

Hoy, 22 de diciembre, nos llevaron a la plaza Se-

> miónovskaya. Allí nos leyeron a todos la sentencia de muerte, nos permitieron besar la cruz, rompieron las espadas sobre nuestras cabezas y nos ataviaron con las camisas blancas para recibir la muerte. Después amarraron a los tres primeros al poste para llevar a cabo la ejecución. Yo era el sexto y nos llamaban de tres en tres. Por lo tanto, estaba en el segundo grupo y no me quedaba de vida más de un minuto. En eso se oyó el toque de retirada. Los que estaban amarrados al poste fueron devueltos a su lugar y nos comunicaron a todos que su Majestad Imperial nos concedía la vida.

Así relata Dostoievski a su hermano Mijaíl el cruel simulacro de ejecución al que fue sometido en 1849. Había sido acusado, junto con otros veintisiete jóvenes intelectuales que pertenecían al llamado Círculo de Petrashevski, de atentar contra la seguridad del Estado. La sentencia del tribunal militar le condenaba «por haber alimentado proyectos criminales y por haber divulgado la carta del literato Bielinski» a ocho años de trabajos forzados en Siberia.

En las reuniones organizadas en casa de Petrashevski se difundían las ideas de los socialistas utópicos y de los comunistas. La carta del gran crítico literario Bielinski decía que «las cuestiones nacionales de más viva actualidad en Rusia son, en este momento, la liquidación del régimen de servidumbre, la supresión de los castigos corporales, la aplicación, según las posibilidades, del cumplimiento estricto siquiera de las leyes ya existentes. Esto lo siente hasta el mismo Gobierno (que sabe muy bien lo que hacen los terratenientes con sus campesinos y a cuántos de los primeros degüellan anualmente los últimos)».

La prisión en Siberia

Dostoievski fue desposeído de su título de noble, de su graduación militar (teniente de ingenieros) y de sus derechos civiles. Enviado al presidio militar de Omsk, cumplió su condena desde enero de 1850 hasta febrero de 1854. Después sirvió en Siberia como soldado raso hasta 1859. Con los derechos civiles recobrados, fue autorizado a regresar a San Petersburgo, ciudad en la que pudo proseguir su oficio de escritor. En 1860 publicó *Memorias de la casa muerta*, obra única e irrepetible en la medida en que también lo fue su experiencia del presidio, pero también por el complejo y fascinante equilibrio entre autobiografía, ensayo y ficción. Las condiciones materiales del penal siberiano eran durísimas.

> Vivíamos apretujados todos en una barraca. Imagínate una construcción de madera, vieja y ruinosa, que se suponía debía haber sido derribada mucho tiempo atrás. En verano había una intolerable proximidad. En invierno, un frío insoportable. Todos los pisos estaban podridos. La mugre en el suelo tenía casi tres centímetros de espesor, y te hacía resbalar y caer. Pulgas, piojos y cucarachas a montones. Las ventanas tenían también tres centímetros de hielo en los cristales. En el techo goteras, y por todas partes corrientes de aire. La estufa, con seis leños, no conseguía caldear el ambiente, sino llenarlo de un humo irrespirable. Y esto duraba todo el invierno. Dormíamos sobre tablas desnudas. Extendíamos sobre nuestros cuerpos el abrigo de piel de oveja, que dejaba los pies al descubierto. Toda la noche la pasábamos temblando.

En la prisión de Omsk, una docena de presos pertenecían a la nobleza. Los demás prisioneros eran campesinos, personas rudas e irritables, con un odio ilimitado hacia la nobleza.

> A nosotros nos recibieron con hostilidad y se alegraban de nuestra desgracia. Si hubieran tenido oportunidad, nos habrían comido vivos (...). Eran ciento cincuenta enemigos que jamás se cansaban de acosarnos (...). Y nosotros teníamos que padecer todo su hostigamiento y venganza contra la nobleza, que era la razón de su vida.
>
> Fue intolerable la miseria de todo el primer año de prisión. El continuo aborrecimiento con que me trataron los prisioneros, por ser caballero, envenenó toda mi vida.

Pero un día, echado en las tablas sobre las que dormían, Dostoievski recordó un incidente de su niñez. Tenía nueve años, estaba en un bosque de su finca y creyó oír un grito avisando que había un lobo en los alrededores. Salió corriendo del bosque, hacia un campesino que estaba arando. Era Marey, un siervo de su padre. Llegó hasta él aterrorizado y temblando. Entonces Marey interrumpió su trabajo, sonrió al chico «como una madre», lo bendijo con el signo de la cruz y le aseguró que no había ningún lobo y que nadie había gritado. Después le dijo que se fuera a su casa, y le aseguró que no lo perdería de vista.

> Todo esto volvió a mi memoria de súbito, con sorprendente claridad y detalle (...). Aunque yo fuera su único hijo, él no me pudo haber mirado con más amor. ¿Quién le obligó a hacerlo? (...). Solo Dios vio, tal vez, desde lo alto, aquel profundo y moral sentimiento humano, la ternura tan delicada y casi femenina que podía contener el corazón de un rudo campesino ruso, bestialmente ignorante, que no esperaba ni siquiera sospechaba que podía ser libre.

Como resultado de este consolador recuerdo, la actitud de Dostoievski hacia sus compañeros de prisión experimenta una transformación mágica.

> Recuerdo que, al levantarme del entarimado y observar con atención a quienes me rodeaban, sentí de pronto que podía ver a estos desgraciados con ojos por completo diferentes. De repente, como por milagro, todo el odio y el rencor se desvanecieron en mi corazón. Y caminé entre ellos contemplando sus rostros. Ese campesino despreciable, con cabeza rapada y marcas de hierro candente en la cara, que se tambaleaba por la bebida y vociferaba su canción de borracho... ¿no podía ser Marey?

La mirada del escritor preso empieza a cambiar. Es cierto que Dostoievski descubrió la maldad humana en *La casa muerta*, «las acciones más terribles y anormales, y los crímenes más monstruosos, narrados con las risas más espontáneas, más infantilmente alegres». Pero también es cierto que allí realizó el hallazgo contrario: que la mayoría de los campesinos encerrados eran mucho mejores de lo que él había creído en un principio.

> Era un gozo descubrir el oro debajo de la dura y áspera superficie. Y no en uno, ni en dos, sino en varios. Es imposible no respetar a algunos de ellos, y algunos eran positivamente espléndidos. Le enseñé a un joven circasiano, condenado por asaltar en los caminos, a leer y escribir en ruso. ¡Me colmó de gratitud! Otro reo lloró al despedirse de mí. Solía darle dinero..., poca cosa. En cambio, su agradecimiento fue infinito.

A Dostoievski le impresionó el cambio que provocaban en los reclusos las solemnidades cristianas. Respecto al día de Navidad, comenta que «el respeto por el augusto día es costumbre observada estrictamente por los presos. Muy pocos se embriagan y todos se comportan con seriedad. Los prisioneros percibían inconscientemente que por la observancia de la Navidad seguían en contacto con el resto del mundo, que no estaban completamente aislados del género humano». Ese ambiente no era mera ilusión de los reclusos, pues iba acompañado de una solidaridad real:

> Llegaba una inmensa cantidad de provisiones: roscas, pastelillos de requesón, pastas, bizcochos y otros sabrosos alimentos parecidos. Creo que no había en la ciudad una sola madre de familia que no enviara algo de lo que había horneado, a manera de saludo navideño.

Los habitantes de la ciudad también enviaban limosnas a lo largo del año. Algunas eran entregadas a los presidiarios cuando caminaban por las calles de Omsk en cuadrillas de trabajo, arrastrando sus grilletes y escoltados. La primera vez que Dostoievski experimentó esa caridad fue al poco tiempo de ingresar en el penal. Una niña de unos diez años se acercó a él y puso en su mano una moneda. «Toma este Kopeck en nombre de Cristo», dijo la niña, y el novelista lo guardó como un tesoro durante muchos años. Dostoievski también atesoró estas experiencias, y en el futuro se opondrá con firmeza a todos los que deseen reemplazar los valores cristianos por una mera ética. Él había experimentado el cristianismo en circunstancias en las que la supervivencia de cualquier moral podía considerarse un milagro. Antes de ingresar en el penal, unas mujeres habían reconfortado al grupo de condenados:

> Hicieron el signo de la cruz y nos entregaron el Nuevo Testamento, único libro permitido en prisión. Lo tuve bajo mi almohada durante los cua-

> tro años de mis trabajos forzados. Lo leía a veces, y se lo leía a otros. Usando el Nuevo Testamento enseñé a leer a un presidiario.

La fe en Jesucristo

Esa familiaridad con las páginas evangélicas estará presente, a partir de entonces, en todas las grandes novelas del escritor ruso. Y no se trata de un conocimiento teórico ni de la mera aceptación de unas ideas sublimes, sino de una adhesión profunda a la persona de Jesucristo. Ya le hemos oído que no conoce nada «más bello, profundo, comprensivo, razonable, viril y perfecto que Cristo».

Dice Stefan Zweig que, cuando Dios quiere forjar un novelista, le hace vivir todas las situaciones y sentimientos: las mieles del triunfo, el sufrimiento insoportable y las cloacas de la miseria humana. Así es como crea a Dostoievski. Desde la experiencia siberiana, el dolor físico, las privaciones de todo género, la humillación, el aguijón de las pasiones, el desequilibrio nervioso y otros serios conflictos van a hacer de Dostoievski un hombre torturado. Morirá con sesenta años, pero habrá vivido siglos de tormento. Y, sin embargo, su espíritu, que es complejo hasta la contradicción, presiente la santidad de la mano que le azota: «Dios me ha atormentado toda la vida», dirá por boca de uno de sus personajes.

Toda la gran sensibilidad y emotividad del novelista alimentan su fe, pero después de haber abordado las más difíciles objeciones intelectuales y de haber vivido en las más penosas circunstancias. Por eso, a propósito de ciertas críticas, Dostoievski recuerda los capítulos que en *Los hermanos Karamazov* hacen referencia al Gran Inquisidor y al sufrimiento de los niños, y escribe:

> Los ignorantes se han burlado de mi oscurantismo y del carácter retrógrado de mi fe. Pero esos

> imbéciles ni siquiera conciben una negación de Dios tan fuerte como la que manifiesto en la novela. En toda Europa no se encuentra expresión tan poderosa de ateísmo. Por tanto, yo no creo en Cristo como un niño. A través del tornillo de la duda es como ha llegado mi hosana.

Dostoievski conocerá las agonías de la duda, será pecador, pero en la prisión ha encontrado definitivamente a Cristo, el hecho capital sin el que su obra no podría explicarse. Muchas veces se ha señalado que lo que tortura a sus personajes no es la enfermedad, la pobreza o el desamor: es simplemente Dios. Como si su autor les librase de las pequeñas ocupaciones cotidianas para situarles el día entero frente al misterio. Y así es. El abismo del corazón humano le atrae de forma irresistible, y en él encuentra su verdadero mundo. Sus personajes son de carne, pero la carne es en ellos juguete absoluto del espíritu. Casi siempre tímidos y temerosos, humillados, desasosegados, confusos. Cada uno es una llama de inquietud, un atormentado que busca a trompicones la verdad: ¿quién soy?, ¿qué hago en este mundo?, ¿qué puedo esperar de Dios? Son criaturas que se recortan sobre el cielo de la religión, obsesionados por los problemas eternos.

El silencio de Dios

El silencio de Dios es el problema de todas las obras de Dostoievski, porque es «el más apremiante de la vida». Un problema que se pega al alma de sus personajes como la sombra al cuerpo. No hay discusión entre ellos que no acabe en Dios. Aquel grito de Kirilov –«Toda la vida me ha atormentado Dios»– es al propio Dostoievski a quien se le escapa desde lo más profundo de su ser.

«Necesito a Dios, porque es el único Ser a quien siempre se puede amar». Necesitar a Dios y no verle claramente: he ahí el misterio y el suplicio. En el alma de Dostoievski luchan a muerte la fe y la incredulidad, y las diversas posibilidades de ambos polos están encarnadas por sus criaturas. El corazón del escritor estará con ambos bandos –con Alioscha y con Iván–, dramáticamente dividido. Los dos hermanos Karamazov, respondiendo a las preguntas de su padre, sintetizan perfectamente la zozobra interior del novelista. Así conversa Fiódor Karamazov con sus hijos:

> —Dime, Iván, ¿hay Dios o no? Respóndeme en serio.
> —No, no hay Dios.
> —Alioscha, ¿existe Dios?
> —Sí, existe.
> —Iván, ¿hay alguna inmortalidad, por pequeña y modesta que sea?
> —No, no la hay.
> —¿Ninguna?
> —Ninguna.
> —Alioscha, ¿hay inmortalidad?
> —Sí.
> —¿Dios y la inmortalidad juntos?
> —Sí, porque Dios es el fundamento de la inmortalidad.
> —Supongo que es Iván quien tiene razón. ¡Señor, cuánta fe y energías ha costado al hombre esta quimera, desde hace miles de años! ¿Quién se burla así de la humanidad? Iván, por última vez y de forma categórica: ¿Hay Dios o no?
> —Definitivamente, no.
> —¿Quién se burla entonces del mundo?
> —Seguramente, el diablo –bromeó Iván.

El Dios que guarda silencio también habla. Para algunos personajes de Dostoievski, habla por la boca y por el ejemplo de personas santas, habla en la belleza de la naturaleza y habla sobre todo en las páginas bíblicas. Alioscha, el más joven de los hermanos Karamazov, tiene en la novela diecinueve años, y es descrito como un joven alto y bien parecido, sencillo y realista, con un realismo que le lleva a tomarse muy en serio las palabras de Jesucristo.

> Tan pronto como Alioscha se convenció, tras serias reflexiones, de que Dios y la inmortalidad existían, se dijo sencillamente: «Quiero vivir para la inmortalidad, no admito compromisos». Por supuesto, si hubiese admitido que no había Dios ni inmortalidad, se hubiese hecho ateo y socialista inmediatamente. A Alioscha le parecía raro e imposible vivir como hasta entonces. Jesucristo había dicho: *Si quieres ser perfecto, da todo lo que tienes y sígueme*. Alioscha se dijo: «No puedo dar en lugar de *todo* dos rublos, y en lugar de *sígueme* ir solamente a misa».

Otro de los personajes inolvidables de Dostoievski, el anciano monje Zósima, cuenta antes de morir la impresión que le produjo la Biblia cuando tenía ocho años de edad, al escuchar su lectura en la iglesia:

> En el país de Hus había un hombre justo y piadoso que poseía riquezas, muchos camellos, ovejas y asnos. Pero Dios entregó al poder del diablo al hombre al que amaba tanto, y el diablo hizo morir a sus hijos y a su ganado. Job desgarró sus vestidos y se dirigió a Dios con estas palabras: «He salido desnudo del vientre de mi madre y desnudo volveré a la tierra. Dios me lo dio todo y Dios me lo ha quitado. ¡Que su nombre sea bendito ahora y siempre!». Perdonen, Padres, mis lágrimas, pues es toda mi infancia la que surge ante mí, me parece que tengo ocho años y estoy

> como entonces, extrañado, turbado, encantado (...). ¡Qué fuerza milagrosa la de la Sagrada Escritura dada al hombre! Es como la representación del mundo, del hombre y de su carácter. ¡Cuántos misterios resueltos y desenmascarados!

El mismo Zósima, al relatar que en su juventud recorrió Rusia con otro monje, pidiendo limosna para su monasterio, recuerda cómo a sus ojos se manifestaba Dios en la naturaleza.

> Una noche cenamos con unos pescadores a la orilla de un gran río navegable. Se sentó junto a nosotros un joven campesino de buen aspecto, que representaba unos dieciocho años de edad. Tenía prisa por llegar a su destino para remolcar una barca mercante. Su mirada era dulce y limpia. Era una noche clara, tranquila y calurosa, una noche de julio. Del río subía un vaho que nos refrescaba. De vez en cuando saltaba algún pez. Los pájaros se habían callado, solo se respiraba paz y todo invitaba a la oración. Aquel joven y yo éramos los únicos que no dormíamos, hablando de la belleza del mundo y su misterio. Cada hierba, cada escarabajo, una hormiga, una abeja dorada, todos interpretaban su papel de manera admirable, por instinto, y atestiguaban el misterio divino, pues lo cumplían continuamente.

Zósima y el joven hablan de la huella de Dios en sus criaturas. La escena concluye así:

> «¡Qué buenas y maravillosas son todas las obras de Dios!», exclamó el joven. Y se sumergió en un dulce ensueño. Vi que había comprendido. Se durmió a mi lado con un sueño ligero e inocente. ¡Que el Señor bendiga a la juventud! Antes de dormirme recé por él. ¡Señor, envía la paz y la luz a los tuyos!

El superhombre contra Dios

En el desarrollo del ateísmo moderno, el superhombre concebido por Nietzsche, responsable de la muerte de Dios y personificación de la autonomía moral absoluta, constituye una pieza fundamental, una referencia obligada. Cuando nace Nietzsche, el superhombre estaba en el ambiente. En 1865 había aparecido en la escena literaria rusa Rodian Raskolnikov, protagonista de *Crimen y castigo*, decidido a demostrar a hachazos su superhombría. Dostoievski nos lo presenta como un joven estudiante de Derecho obsesionado por demostrarse a sí mismo que pertenece a una clase de hombres superiores, dueños absolutos de su conducta, por encima de toda obligación moral. Raskolnikov elige una definitiva prueba de superioridad: cometer fríamente un asesinato y conceder a esa acción la misma relevancia que se otorga a un estornudo o a un paseo. Dicho y hecho: una vieja usurera y su hermana caen bajo el hacha del homicida. Él mismo dirá que «no era un ser humano lo que destruía, sino un principio». Y asegura no tener remordimiento alguno por tal acción:

> ¿Mi crimen? ¿Qué crimen? ¿Es un crimen matar a un parásito vil y nocivo? No puedo concebir que sea más glorioso bombardear una ciudad sitiada que matar a hachazos. Ahora comprendo menos que nunca que pueda llamarse crimen a mi acción. Tengo la conciencia tranquila.

Lo cierto es que la vida de Raskolnikov se va tornando desequilibrada, sufre episodios de enajenación mental y acaba en la cárcel. Y mientras cumple condena en Siberia, tendrá una pesadilla imborrable: sueña que el mundo es azotado por una peste rarísima. Unos microbios transmiten la extraña locura de hacer creer al contagiado que se halla en posesión absoluta de la verdad. Con ello surgen discusiones interminables, pues nadie considera que debe ceder, y se hacen imposibles las relaciones familiares y sociales: el mundo se convierte en un insoportable manicomio. En dicho sueño, los hombres afectados aparecen como auténticos locos, pues sus juicios son absolutamente subjetivos e inamovibles, y no responden a la realidad de las cosas. Así descubre Raskolnikov que su obsesión por justificar el crimen es parecida a la conducta de los locos soñados. Y así nos dice Dostoievski, con una finura insuperable, que más allá de la moral y de la conciencia solo se encuentra el abismo de la locura.

Esta es la pregunta decisiva que Dostoievski formula de forma implícita al lector de *Crimen y castigo:* ¿Qué hacemos con un superhombre mentalmente desequilibrado? ¿Merece la pena pagar por el superhombre el precio de un psicópata? Pero la novela no termina así. Hay un remedio para la ceguera patológica del protagonista. Cuando aún le quedaban siete años de condena se enamora de Sonia, una chica muy joven, con un pasado turbio y un corazón de oro. Antes de ir a la cárcel, Sonia le había echado en cara inútilmente su crimen:

> —Has derramado sangre.
>
> —¿No lo hace así todo el mundo? –respondió él con furia–. ¿No se ha vertido siempre la sangre a torrentes desde que hay hombres sobre la tierra? Y esos hombres que han empapado la tierra con la sangre de sus semejantes han ocupado el Capitolio y han sido aclamados por la humanidad.

Raskolnikov, preso en Siberia, puede ver a Sonia. El día que siente por primera vez su amor por ella empieza a pensar que ella tiene razón. No mediaron argumentos, no hubo más discusión, no hizo falta la lógica. Simplemente, notó que todo le parecía «inexistente, como si se hubiera desvanecido su mismo crimen y su condena en la cárcel.

Sentía la vida real, y esta vida había expulsado los razonamientos». En estas palabras, Dostoievski desvela sutilmente una de las claves de la psicología humana: algo tan natural como el amor corrige a la razón y desbarata las razonadas sinrazones del superhombre. Rodian Raskolnikov sabía que a toda palabra se puede oponer otra, pero no encontró palabras que pudieran medirse con Sonia.

La verdad de Sonia es su propia vida. Era casi una chiquilla y había tenido que venderse para sostener a su familia miserable, pero parece que su estatura moral se agiganta en medio de esas circunstancias. Su victoria no es intelectual, no se apoya en razonamientos, sino en la belleza de una conducta heroica y un corazón –a pesar de todo– limpio. «Era evidente que toda aquella vergüenza solo la rozaba a ella. Ni una sola gota de la verdadera corrupción había manchado su corazón, y allí estaba ante él, completamente pura». Sonia es profundamente cristiana y, cuando Raskolnikov le pregunta, con ironía, antes de ir a Siberia, por qué reza y qué hace Dios por ella, Sonia le mira con dureza, le ordena callar y, bajando los ojos, le responde con palabras inmensas: «¿Que sería de mí sin Dios? Lo hace todo por mí». Tenía Sonia un *Nuevo Testamento* y quiso Raskolnikov que le leyera el pasaje de Lázaro en el que Cristo demostró su poder sobre la muerte. El lector de *Crimen y castigo* asiste entonces a una escena inolvidable que Dostoievski remata con estas palabras:

> La lucecilla que desde hacía rato se apagaba en el candil alumbraba vagamente, en aquella mísera habitación, a un asesino y a una prostituta extrañamente reunidos para leer el libro eterno.

Decía Platón que, si el semblante de la virtud pudiera verse, enamoraría a todos. Eso fue lo que vio Raskolnikov en Sonia, una grandeza de corazón que le permitía compartir los destinos de los demás y olvidarse por completo de sí misma. En la última página de *Crimen y castigo* vemos a Raskolnikov acostado por la noche, envuelto en su manta y pensando en Sonia.

> Debajo de la almohada tenía el *Nuevo Testamento*. Cogió el libro mecánicamente. Era de Sonia, el mismo en que ella había leído la resurrección de Lázaro. Al principio de su vida de presidiario temió que la muchacha le molestara continuamente hablándole de religión, pero observó con gran extrañeza que no era así. Nunca le mencionó las Escrituras. Él mismo le había pedido el libro cuando estaba enfermo, y ella lo dejó a su lado silenciosamente. No lo había abierto. Tampoco lo abrió entonces, pero un pensamiento se agitaba en su alma: «¿Es posible que su fe no sea también la mía? ¿Puedo tener otras creencias que las suyas?».

La respuesta al dolor

El sufrimiento humano –todo el dolor físico, psicológico y moral– se ceba en los personajes de Dostoievski. Y esa suprema objeción contra Dios parece que solo admite una respuesta religiosa: la que ofrece maravillosamente el *starets* Zósima en *Los hermanos Karamazov*. Un *starets* es en Rusia un monje célebre por su santidad y sabiduría, al que acude la gente en busca de confesión, consuelo y consejo. Zósima es un religioso especialmente querido por el pueblo, al que visitan gentes afligidas que vienen de muy lejos. Como esa mujer que llora de rodillas con mirada extraviada...

> —¿Por qué lloras?
>
> —Lloro por mi hijito, padre. Solo le faltaban tres meses para cumplir tres años. Por mi hijito lloro.

> Nikituchka y yo hemos tenido cuatro, pero los niños no viven mucho tiempo entre nosotros. He enterrado a los tres primeros y no he tenido tanta pena, pero a este último no puedo olvidarlo. Parece como si lo tuviera siempre delante de mí, no se marcha. Tengo el alma deshecha. Miro su ropa, su camisita, sus botines y no hago más que llorar.

Ningún recurso del entendimiento, de la imaginación o de la voluntad parecen capaces de mitigar este dolor. Por eso es admirable la respuesta del monje. Primero intenta consolar a la madre explicándole que el niño está gozando de la bienaventuranza de Dios. Pero la mujer ya estaba convencida de ello, y lo que le dice el anciano no le aporta ningún consuelo. Entonces comprende el *starets* que se halla ante un dolor sin remedio, y con serenidad le dice:

> —También lloró así Raquel a sus hijos y no pudo consolarse de su falta, y ese mismo destino os está reservado a muchas madres. No te consueles y llora, pero cada vez que llores recuerda que tu hijito es un ángel de Dios que te mira desde allá arriba, ve tus lágrimas, se alegra y se las muestra al Señor. Durante mucho tiempo llorarás aún, pero luego tu llanto se volverá dulce y alegre, y tus lágrimas amargas serán lágrimas de purificación que borrarán pecados.

Los hechos no han cambiado, pero sí su significación: ahora el peso agobiante del dolor se aligera porque conduce a Dios y es fuente de una serena resignación. Después descubre el *starets* los ojos anhelantes de una campesina joven y enferma.

> —¿A qué has venido, hija mía?
>
> —Alivia mi alma, padre –dijo ella dulcemente, y se arrodilló con una profunda reverencia hasta

tocar el suelo–. Padre, he pecado y me da miedo mi pecado.

El monje se sentó en el último escalón del atrio y la mujer se acercó hasta él.

—Hace tres años que soy viuda –empezó diciendo a media voz–. Era imposible vivir con mi marido. Era viejo y me pegaba mucho. Cayó en cama enfermo y yo pensaba, mirándolo: «¿Qué ocurrirá si se restablece y se levanta de nuevo?». Y aquella idea no se apartaba de mí...

La mujer acercó sus labios al oído del monje y continuó con una voz que apenas se oía. Muy pronto terminó.

—¿Hace tres años? –preguntó el *starets*.

—Tres años. Antes no pensaba en ello, pero ahora se ha presentado la enfermedad y estoy angustiada.

Aquí nos encontramos con el dolor producido por una culpabilidad objetiva. Es solo un pensamiento, pero en él se encierra el mayor de los suplicios: la terrible convicción de una condena eterna. El *starets* vuelve a comprender todo con admirable profundidad y ofrece la única solución posible: el arrepentimiento ante Dios.

—¿Vienes de lejos?

—He recorrido quinientas verstas.

—¿Has confesado?

—Sí, he confesado dos veces.

—¿Has sido admitida a la comunión?

—Me han admitido. Pero tengo miedo. Tengo miedo a morir.

—No temas nada y no tengas nunca miedo, no te preocupes. Mientras haya arrepentimiento, Dios lo perdona todo. No hay pecado en la tierra que Dios no perdone al que se arrepiente sincera-

> mente. El hombre no puede cometer un pecado tan grande que agote el amor infinito de Dios. Piensa sin cesar en el arrepentimiento y borra todo temor. Piensa que Dios te ama como no puedes imaginar, que te ama con tu pecado y a pesar de tu pecado. Hay más alegría en el cielo por un pecador que se arrepiente que por diez justos: hace mucho que se ha escrito esto (...). El amor lo redime todo y todo lo salva. Si yo, que soy un pecador como tú, me he enternecido y he sentido piedad por ti, con más razón la sentirá el Señor. Vete y no temas.

En Dostoievski es firme la convicción de que la aceptación religiosa del dolor abre la puerta al perdón divino. Dios ama y perdona al que acepta el sufrimiento de su vida. De esto dan testimonio las palabras de Sonia a Raskolnikov:

> —Acepta el dolor. Eso tienes que hacer y así te salvarás... Luego ven a mí, que yo cargaré también con tu cruz y entonces rezaremos y marcharemos juntos.

El Dios de la alegría

> Y, cuando haya acabado de juzgar a los demás, nos tocará a nosotros. «Entrad también vosotros, borrachos», dirá. «Entrad los de carácter débil, los disolutos». Y nosotros nos acercaremos a Él sin temblar. «Sois unos brutos; lleváis impresa en la frente la marca de la Bestia, pero venid a Mí». Entonces los sabios y prudentes preguntarán: «Señor, ¿por qué acogéis a estos?». Y Él responderá: «los admito porque ninguno se creía digno de ese honor». Entonces abrirá sus brazos para acogernos y nosotros nos arrojaremos en ellos y lloraremos. Y en aquel momento lo comprenderemos todo.

Un Dios que perdona a sus hijos es un Dios que regala alegría. Dostoievski y sus personajes están convencidos de ello. Y se emocionan al considerarlo. Y lo agradecen profundamente. Entre los múltiples pasajes donde resplandece esta alegría he seleccionado cuatro. En el primero hemos escuchado al padre de Sonia, Marmeladov, un pobre borracho sobre el que se ceban los infortunios. El segundo testimonio pertenece a Dimitri Karamazov. Es un hombre culto, que aprecia las grandes conquistas del conocimiento positivista, sin confundir el universo científico con el universo real: «¡Qué grande es la ciencia que lo explica todo! Sin embargo, echo de menos a Dios». Dimitri, encarcelado y a la espera de ser juzgado y condenado a trabajar veinte años en las minas, abre su corazón a su hermano Alioscha con unas palabras en las que se esculpe al hombre como un ser esencialmente religioso:

> Hace tiempo que quería decirte muchas cosas, pero siempre callaba lo esencial porque me parecía que no había llegado el momento. He esperado hasta última hora para ser sincero. Hermano, desde mi detención he sentido nacer en mí un nuevo ser (...). No he matado a mi padre, pero acepto la expiación. Aquí, entre estos vergonzosos muros, he tenido conciencia de todo eso. Bajo la tierra hay centenares de hombres con el martillo en la mano. Sí, estaremos encadenados, privados de libertad, pero en nuestro dolor resucitaremos a la alegría sin la cual el hombre no puede vivir, ni Dios existir, pues es Él quien la otorga: es su gran privilegio. ¡Señor, que el hombre se consuma en la oración! ¿Cómo viviré bajo la tierra sin Dios? Si se expulsa a Dios de la tierra, ¡nosotros lo encontraremos debajo de ella! Un condenado puede pasar sin Dios menos que un hombre

> libre. ¡Y entonces nosotros, los hombres subterráneos, cantaremos desde las entrañas de la tierra un himno trágico al Dios de la alegría! ¡Viva Dios y viva su alegría divina! ¡Yo le amo!

En Zósima, el viejo y enfermo monje amado por el pueblo, apreciaremos a continuación una alegría exultante, sin las aristas dramáticas de la mayor parte de los protagonistas de Dostoievski:

> Yo bendigo todos los días la salida del sol, mi corazón le canta un himno como antes, pero prefiero su puesta de rayos oblicuos, evocadora de dulces y tiernos recuerdos, de queridas imágenes de vida, larga vida bendita, coronada por la verdad divina que calma, reconcilia y absuelve. Sé que estoy al término de mi existencia y siento que todos los días de mi vida se unen a la vida eterna, desconocida pero cercana, cuyo presentimiento hace vibrar mi alma de entusiasmo, ilumina mi pensamiento, me enternece el corazón.

Si el perdón divino es fuente de alegría, no lo es menos la promesa de una inmortalidad feliz. Así lo siente Zósima, y con esa promesa se cierra la agitada historia de los Karamazov. En la última página de la novela, después del entierro de un adolescente, varios de sus compañeros se despiden de Alioscha, y el lector asiste a este diálogo encantador:

> —¡Karamazov! –exclamó Kolia–. ¿Es verdad lo que dice la religión de que resucitaremos de entre los muertos y volveremos a vernos todos, incluso Iliuscha?
> —Es verdad: resucitaremos, volveremos a vernos y nos contaremos alegremente todo lo que ha ocurrido –respondió Alioscha sonriendo.
> —¡Qué hermoso será eso! –exclamó Kolia.

4. Tatiana GORICHEVA

La fundadora del primer movimiento feminista ruso nació en Leningrado en 1947. Estudió Filosofía y fue educada en el ateísmo oficial del régimen comunista soviético. Tras convertirse al cristianismo, desplegó una intensa actividad intelectual, que provocó su encarcelamiento y posterior expulsión del país. Los párrafos siguientes pertenecen a su libro autobiográfico Hablar de Dios resulta peligroso, *publicado en España por Herder, en 1986.*

Una conversión peligrosa

—Dígame usted, Tatiana Mijailova, ¿de dónde les viene a usted y a Poresch esa fe en Dios? Porque ustedes han sido educados en una familia soviética normal y sus padres son gente inteligente y atea. No tienen ustedes antecedentes sociales que expliquen su fe. No proceden de la clase noble ni tampoco de los campesinos. Por lo que se refiere a nuestra sociedad en su conjunto, no puede provocar una conciencia religiosa; entre nosotros no se dan las condiciones para ello: no existe la explotación del hombre por el hombre, en todas partes se lleva a cabo una propaganda atea, y todos saben leer y escribir sin que nadie crea ya en fábulas. En lo que aquí estamos todos interesados es en saber por qué cree usted en semejante absurdo, siendo como es una persona con formación universitaria. ¿Por qué cree usted

en un absurdo así, como si se tratase de una viejuca que no supiera leer ni escribir?
No era la primera vez que en la KGB entablaba esa conversación en tales términos. Al principio, yo empezaba por explicarme en la medida que me era posible e intentaba hacer comprender que nuestra fe no podía deberse a ninguna influencia occidental, que el Dios vivo estaba personalmente en mi alma y que no hay una alegría mayor que esa nueva vida dentro de la Iglesia. No sé si lograba que entendiesen algo. Supongo que no. Esa gente desarrollaba una lucha implacable contra la fe, contra el espíritu, contra aquello que no era accesible a su inteligencia, pero consideraban como la máxima amenaza y el enemigo más peligroso. Eran asesinos, cínicos e inhumanos, y tenían una astucia diabólica. No encontraban explicación materialista para las conversiones al cristianismo, pero eso no les impedía condenar a Wolodia Poresch, un hombre moralmente luminoso, tranquilo y de grandes dotes, a once años de cárcel.
Si alguien me pregunta qué significa para mí el retorno a Dios, qué es lo que esa conversión me ha hecho patente y cómo ha cambiado mi vida, puedo contestarle con toda sencillez y brevedad: lo significa todo. Todo ha cambiado en mí y a mi alrededor. Y, para decirlo con mayor precisión: mi vida empezó solo después de haber encontrado a Dios. Para las personas que hayan crecido en países occidentales no es fácil de entender. Son personas nacidas en un mundo en el que existen tradiciones y normas, aunque ya no sean totalmente estables. Esas personas han podido desarrollarse de una manera «normal», leyendo

los libros que han querido, eligiendo sus amigos y haciendo la carrera que han preferido. Han podido viajar a cualquier país. O han podido retirarse del mundo, bien para cuidar amorosamente de su familia, para encerrarse en un monasterio o para dedicarse a la ciencia, eligiendo para ello su lugar preferido.

Yo he nacido, por el contrario, en un país en el que los valores tradicionales de cultura, religión y moral han sido arrancados de raíz de una manera intencionada y con éxito; yo no vengo de ninguna parte y a ninguna parte voy: he carecido de raíces y he tenido que encaminarme hacia un futuro vacío y absurdo. En mi adolescencia tuve una amiga que se quitó la vida a los quince años, porque no pudo soportar todo lo que la rodeaba. Al morir dejó escrita una nota que decía «soy una persona muy mala», cuando en realidad era una criatura de corazón extraordinariamente puro, que no podía tolerar la mentira y que no pudo mentirse a sí misma. Aquella muchacha se quitó la vida porque descubrió que no vivía como hubiera debido y porque de alguna manera había que romper el vacío que a uno le rodeaba y encontrar la luz. Pero ella no encontró ese camino. Mi amiga era una persona demasiado profunda y extraordinariamente consciente para su edad, y comprendió que también ella tenía en todo una responsabilidad y una culpa. Hoy, a los veinte años de su muerte, yo puedo expresarlo en un lenguaje cristiano: mi amiga había descubierto su condición de pecadora. Había descubierto una verdad fundamental: que el hombre es débil e imperfecto; pero no descubrió la otra verdad, aún más importante: que Dios puede salvar al hombre, arrancarlo de su condición de caído y sacarlo de las tinieblas más impenetrables. De esa esperanza nadie le había dicho nada y murió oprimida por la desesperación.

Personalmente no podía compararme con mi amiga en sus dotes espirituales. Yo vivía como una bestezuela, acorralada y furiosa, sin erguirme jamás y levantar la cabeza, sin hacer intento alguno por comprender o decir algo. En las redacciones escolares escribía –como era obligado– que amaba a mi patria, a Lenin y a mi madre; pero eso era lisa y llanamente una mentira. Desde mi infancia odié todo lo que me rodeaba: odiaba a las personas con sus minúsculas preocupaciones y angustias; más aún, me repugnaban; odiaba a mis padres, que en nada se diferenciaban de todos los demás y que se habían convertido en mis progenitores por pura casualidad. Oh, sí, yo enloquecía de rabia al pensar que, sin deseo alguno de mi parte y fruto de un momento totalmente absurdo, me habían traído al mundo. Odiaba hasta la naturaleza con su ritmo eternamente repetido y aburrido de verano, otoño, invierno...

En la escuela, por supuesto, solo se fomentaban las cualidades externas y combativas. Se alababa a quien realizaba mejor un trabajo, al que podía saltar más alto, al que se distinguía por algo. Con ello se reforzó aún más mi orgullo, que floreció plenamente. Mi meta fue entonces ser más inteligente, más capaz, más fuerte que los demás. Pero nadie me dijo nunca que el valor supremo de la vida no está en superar a los otros, en vencerlos, sino en amarlos. Amar hasta la muerte, como únicamente lo hiciera el Hijo del hombre, al que nosotros todavía no conocíamos.

Hubo un tiempo en que aspiré a una vida íntegra y consecuente. Me sentí filósofa y dejé de engañarme a mí misma y a los demás. Pero la verdad amarga, terrible y triste estaba para mí en primer plano, y por ello mi existencia seguía tan desgarrada y contradictoria como antes. Experimentaba un gusto permanente por el contraste y el absurdo, por los imponderables de la vida. También alentaba en mí el esteticismo. De día, por ejemplo, me gustaba mucho ser una alumna brillante, el orgullo de la Facultad de Filosofía, y trataba con intelectuales sutiles, asistía a conferencias y coloquios científicos. Me gustaba hacer observaciones irónicas y solo me daba por satisfecha con lo mejor en el aspecto intelectual. Por la tarde y por la noche, en cambio, me mantenía en compañía de marginados y de gente de los estratos más bajos, ladrones, alienados y drogadictos. Esa atmósfera sucia me encantaba. Nos emborrachábamos en bodegas y buhardillas. Me invadió entonces una melancolía sin límites. Me atormentaban angustias incomprensibles y frías, de las que no lograba desembarazarme. A mis ojos me estaba volviendo loca. Ya ni siquiera tenía ganas de seguir viviendo. ¡Cuántos de mis amigos de entonces han caído víctimas de ese vacío horroroso y se han suicidado! Otros se han convertido en alcohólicos. Algunos están en instituciones para enajenados... Todo parecía indicar que no teníamos esperanza alguna en la vida. Pero el viento del Espíritu Santo «sopla donde quiere», otorga vida y resucita a los muertos. ¿Qué fue lo que me ocurrió entonces? Que nací de nuevo. En efecto, fue un segundo nacimiento lo que experimenté. Cansada y desilusionada realizaba mis ejercicios de yoga y repetía los *mantras*. Conviene saber que hasta ese instante yo nunca había pronunciado una oración, ni conocía realmente oración alguna. Pero el libro de yoga proponía como ejercicio una plegaria cristiana, en concreto, la oración del Padrenuestro. ¡Justamente la oración que nuestro Señor había recitado personalmente! Empecé a repetirla mentalmente como un *mantra*, de un modo inexpresivo y automático. La dije unas seis veces. Entonces, de repente, me sentí trastornada por completo. Comprendí –no con mi inteligencia ridícula, sino con todo mi ser– que Él existe. ¡Él, el Dios vivo y personal, que me ama a mí y a todas las criaturas, que ha creado el mundo, que se hizo hombre por amor, el Dios crucificado y resucitado!

¡Qué alegría y qué luz esplendorosa brotó entonces en mi corazón! Pero no solo en mi interior. El mundo entero, cada piedra, cada arbusto, estaban inundados de una suave luminosidad. El mundo se transformó para mí en el manto regio y pontifical del Señor. ¿Cómo no lo había percibido hasta entonces? Así empezó mi vida. Mi redención era algo perfectamente concreto y real. Había llegado de un modo repentino, aunque la había anhelado desde mucho tiempo atrás.

En un Estado totalitario, la Iglesia se nos aparecía como la única isla limpia en la que realmente se podía vivir. Era la antítesis de cualquier ideología asesina y embrutecedora. Y el poder de la ideología es realmente absoluto en nuestro Estado. La ideología corrompe la personalidad, mientras que, en la Iglesia, es la persona la que debe madurar en toda su plenitud. La ideología vive como un parásito de los sentimientos y de la infelicidad de los hombres. En la Iglesia se da el trato afectivo y creador de las personas entre sí, hay una comunicación sin mentiras.

En la emigración. 29 de julio de 1980

He llegado a Viena. ¿Qué es lo que he sentido aquí? ¿He vivido el sentimiento de libertad? No. Tampoco en Rusia era libre. La libertad es un don de Dios. Es una obligación, no un derecho. Tuve la sensación de que había caído en un mundo de formas, donde todo encontraba su expresión y un envoltorio elegante. Aquí, todas las cosas quieren agradar y todo tiende de alguna manera a servir al hombre. Me sorprendió enormemente ver cómo el hombre ocupa el centro dentro del modo de vida occidental, esa forma de marcado antropocentrismo.

Si en Rusia teníamos que consumir al menos la mitad de nuestras energías vitales en superar miles de impedimentos que lleva consigo una forma de vida absurda y difícil, como el ruido de las calles, el apretujamiento en las oficinas, las largas colas ante las tiendas de comestibles, la lucha por un puesto en los transportes públicos, la grosería e irritabilidad generales, etc., etc., aquí, esas dificultades no se daban. Pero había otras: el exceso de cosas hermosas, de cosas que a una la arrastran, si no está lo bastante orientada hacia el cielo. Aquí, la tierra te puede tragar para siempre.

5. C. S. LEWIS

Exijo de un amigo que se fíe de mí, aunque para ello no tenga una prueba irrefutable. Si él pidiera esa prueba, indudable es que no confía en mí. De forma similar, Dios nos pide que tengamos la generosidad, la magnanimidad de fiarnos de una probabilidad razonable. Pero ¿y si creemos y al final no es verdad? El error sería entonces más interesante incluso que la realidad. ¿Cómo podría un universo idiota haber producido criaturas cuyos sueños son mucho mejores, más vigorosos y sutiles que él mismo?

Ateísmo

C. S. Lewis fue un hombre lleno de amigos, libros y alumnos. Nació en 1898, y en 1925 ya enseñaba filosofía y literatura en Oxford. Hasta su muerte en 1963 fue un profesor eminente, autor de célebres ensayos, cuentos y libros de texto. Su vida está marcada por su conversión al cristianismo a la misma edad que san Agustín. Ese giro radical lo explica y justifica en un puñado de libros escritos con un estilo vivo y una lógica apabullante. Lewis domina el arte de argumentar. Su dialéctica apura la ironía y la sutileza, tal y como confiesa haber aprendido de uno de sus profesores:

> Si alguna vez ha existido un hombre que fuera casi un ente puramente lógico, ese hombre fue Kirk (...). Le asombraba que hubiera quien no deseara que le aclarasen algo o le corrigiesen (...). Al final, a menos que me sobreestime, me convertí en un «sparring» nada despreciable. Fue un gran día aquel en que el hombre que durante tanto tiempo había peleado para demostrar mi imprecisión, me acabó advirtiendo de los peligros de tener una sutileza excesiva.

Lewis era ateo porque, desde la temprana muerte de su madre, sentía el Universo como un espacio terriblemente frío y vacío, donde la historia humana era en gran parte una secuencia de crímenes, guerras, enfermedades y dolor.

> Si me piden que crea que todo esto es obra de un espíritu omnipotente y misericordioso, me veré obligado a responder que todos los testimonios apuntan en dirección contraria.

Pero esta argumentación no era, ni mucho menos, definitiva:

> La solidez y facilidad de mis argumentos planteaban un problema: ¿Cómo es posible que un Universo tan malo haya sido atribuido constantemente por los seres humanos a la actividad de un sabio y poderoso creador? Tal vez, los

> hombres sean necios, pero es difícil que su estupidez llegue hasta el extremo de inferir directamente lo blanco de lo negro.

En cualquier caso, Lewis se sentía más cómodo en su ateísmo:

> Para un cobarde como yo, el Universo del materialista tenía el enorme atractivo de que te ofrecía una responsabilidad limitada. Ningún desastre estrictamente infinito podía atraparte, pues la muerte terminaba con todo (...). El horror del universo cristiano era que no tenía una puerta con el cartel de *Salida*.

En 1917 se incorpora al frente francés de la primera guerra mundial. Un año más tarde cae enfermo y es enviado al hospital de Le Tréport, donde permanecerá tres semanas.

> Fue allí donde leí por primera vez un ensayo de Chesterton. Nunca había oído hablar de él ni sabía qué pretendía. Tampoco puedo entender demasiado bien por qué me conquistó tan inmediatamente. Se podría esperar que mi pesimismo, mi ateísmo y mi horror hacia el sentimentalismo hubieran hecho que fuera el autor con el que menos congeniase (...). Al leer a Chesterton, como al leer a MacDonald, no sabía dónde me estaba metiendo.

Al acabar la guerra estudia en Oxford filosofía y literatura inglesa. Son años de intensa formación intelectual y de innumerables lecturas. Pero sus libros y autores preferidos no compartían su visión de la vida:

> Todos los libros empezaban a volverse en mi contra (...). George MacDonald había hecho por mí más que ningún escritor, pero era una pena que

> estuviese tan obsesionado por el cristianismo. Era bueno, *a pesar de eso*. Chesterton tenía más sentido común que todos los escritores modernos juntos..., prescindiendo, por supuesto, de su cristianismo. Johnson era uno de los pocos autores en los que me daba la impresión de que se podía confiar totalmente, pero curiosamente tenía la misma chifladura. Por alguna extraña coincidencia, a Spencer y Milton les pasaba lo mismo. Incluso entre los autores antiguos iba a encontrar la misma paradoja. Los más religiosos (Platón, Esquilo, Virgilio) eran claramente aquellos de los que podía alimentarme de verdad. Por otro lado, con los escritores que no tenían la enfermedad de la religión y con los que, teóricamente, mi afinidad tenía que haber sido total (Shaw, Wells, Mill, Gibbon, Voltaire), esta afinidad me parecía un poco pequeña. No era que no me gustaran. Todos ellos eran entretenidos, pero nada más. Parecían poco profundos, demasiado simples. El dramatismo y la densidad de la vida no aparecían en sus obras.

Terminó sus estudios con las máximas calificaciones y pasó a formar parte del claustro de profesores del Magdalen College. Allí, nuevos amigos provocarán «la caída de los viejos prejuicios»:

> Al entrar por primera vez en el mundo, me había advertido (implícitamente) que no confiase nunca en un papista, y al entrar por primera vez en la Facultad (explícitamente), que no confiara nunca en un filólogo. Tolkien era ambas cosas.

En el Magdalen enseña Filosofía, pero su aguado hegelianismo no le resulta muy útil a la hora de enfrentarse a una tutoría:

> Un tutor debe aclarar las cosas, y yo no podía explicar el Absoluto de Hegel. ¿Te refieres a nadie-sabe-qué o te refieres a una mente sobrehumana y, por tanto (también podemos admitirlo), a una persona?

Conversión

Cuando vuelve a leer a Chesterton, el ateísmo de Lewis tiene los días contados.

> Después leí el *Everlasting Man*, de Chesterton, y por primera vez vi toda la concepción cristiana de la historia expuesta de una forma que parecía tener sentido (...). No hacía mucho que había terminado el *Everlasting Man* cuando me ocurrió algo mucho peor. A principios de 1926, el más convencido de todos los ateos que conocía se sentó en mi habitación al otro lado de la chimenea y comentó que las pruebas de la historicidad de los Evangelios eran sorprendentemente buenas. «Es extraño», continuó, «esas majaderías de Frazer sobre el Dios que muere. Extraño. Casi parece como si realmente hubiera sucedido alguna vez». Para comprender el fuerte impacto que me supuso, tendrías que conocer a aquel hombre (que nunca ha demostrado ningún interés por el cristianismo). Si él, el cínico de los cínicos, el más duro de los duros, no estaba a salvo, ¿adónde podría volverme yo? ¿Es que no había escapatoria?

Lewis se siente acorralado y nos describe su situación con una imagen muy británica:

> La zorra había sido expulsada del bosque hegeliano y corría por campo abierto «con todo el dolor del mundo», sucia y cansada, con los sabuesos pisándole los talones. Y casi todo el mundo

> pertenecía a la jauría: Platón, Dante, MacDonald, Herbert, Barfield, Tolkien, Dyson, la Alegría. Todo el mundo y todas las cosas se habían unido en mi contra.

Siente entonces que su Dios filosófico empieza a agitarse y a levantarse, se quita el sudario, se pone en pie y se convierte en una presencia viva. La filosofía deja de ser un juego lógico desde que ese Dios renuncia a la discusión y se limita a decir: «Yo soy el Señor».

> Debes imaginarme solo, en aquella habitación del Magdalen, noche tras noche, sintiendo, cada vez que mi mente se apartaba del trabajo, el acercamiento continuo, inexorable, de Aquel con quien, tan encarecidamente, no deseaba encontrarme. Al final, Aquél a quien temía profundamente cayó sobre mí. Hacia la festividad de la Trinidad de 1929 cedí, admití que Dios era Dios y, de rodillas, recé. Quizá fuera aquella noche el converso más desalentado y remiso de toda Inglaterra.
>
> Hasta entonces, yo había supuesto que el centro de la realidad sería algo así como un lugar. En vez de eso, me encontré con que era una Persona.

Y el día que identifica a Jesucristo con esa Persona sabrá que ha dado su último paso, y lo recordará siempre:

> Me llevaban a Whipsnade una mañana soleada. Cuando salimos no creía que Jesucristo fuera el Hijo de Dios y, cuando llegamos al zoológico, sí. Pero no me había pasado todo el trayecto sumido en mis pensamientos ni en una gran inquietud (...). Mi estado se parecía más al de un hombre que, después de dormir mucho, se queda en la cama inmóvil, dándose cuenta de que ya está despierto.

El problema del dolor

El ateísmo de Lewis había sido fruto de su pesimismo sobre el mundo:

> Algunos años antes de leer a Lucrecio ya sentía la fuerza de su argumento, que seguramente es el más fuerte de todos en favor del ateísmo: *Si Dios hubiera creado el mundo, no sería un mundo tan débil e imperfecto como el que vemos.*

Años después de su conversión, en 1940, Lewis escribe por encargo *The problem of pain (El problema del dolor).* Si Dios fuera bueno y todopoderoso, ¿no podría impedir el mal y hacer triunfar el bien y la felicidad entre los hombres? En esas páginas, que se han hecho famosas, Lewis reconoce que es muy difícil imaginar un mundo en el que Dios corrigiera los continuos abusos cometidos por el libre albedrío de sus criaturas. Un mundo donde el bate de béisbol se convirtiera en papel al emplearlo como arma o donde el aire se negara a obedecer cuando intentáramos emitir ondas sonoras portadoras de mentiras e insultos.

> En un mundo así, sería imposible cometer malas acciones, pero eso supondría anular la libertad humana. Más aún, si lleváramos el principio hasta sus últimas consecuencias, resultarían imposibles los malos pensamientos, pues la masa cerebral utilizada para pensar se negaría a cumplir su función cuando intentáramos concebirlos. Y así, la materia cercana a un hombre malvado estaría expuesta a sufrir alteraciones imprevisibles. Por eso, si tratáramos de excluir del mundo el sufrimiento que acarrea el orden natural y la existencia de voluntades libres, descubriríamos que para lograrlo sería preciso suprimir la vida misma.

Pero esto no muestra el sentido del dolor, si es que lo tiene, ni demuestra que Dios pueda seguir siendo bueno cuando lo permite. Para intentar explicar este misterio, Lewis recurre a la que quizá sea la más genial de sus intuiciones. El dolor, la injusticia y el error –nos dice– son tres tipos de males con una curiosa diferencia: la injusticia y el error pueden ser ignorados por el que vive dentro de ellos, mientras que el dolor, en cambio, no puede ser ignorado, es un mal desenmascarado, inequívoco: toda persona sabe que algo anda mal cuando ella sufre. Y es que Dios –afirma Lewis– nos habla por medio de la conciencia y nos grita por medio de nuestros dolores: los usa como megáfono para despertar a un mundo sordo.

Lewis explica que un hombre injusto al que la vida sonríe no siente la necesidad de corregir su conducta equivocada. En cambio, el sufrimiento destroza la ilusión de que todo marcha bien.

> El dolor como megáfono de Dios es, sin la menor duda, un instrumento terrible. Puede conducir a una definitiva y contumaz rebelión. Pero también puede ser la única oportunidad del malvado para corregirse. El dolor quita el velo de la apariencia e implanta la bandera de la verdad dentro de la fortaleza del alma rebelde.

Lewis no dice que el dolor no sea doloroso. «Si conociera algún modo de escapar de él, me arrastraría por las cloacas para encontrarlo». Su propósito es poner de manifiesto lo razonable y verosímil de la vieja doctrina cristiana sobre la posibilidad de perfeccionarse por las tribulaciones.

¿Dios o las leyes de la naturaleza?

A Lewis le cuenta un amigo el caso de una pobre mujer que cree que su hijo sobrevivió a la batalla de Arnhem porque ella rezó por él. Sería cruel explicarle que, en realidad, sobrevivió porque se hallaba un poco a la izquierda o un poco a la derecha de las balas, que seguían una trayectoria prescrita por las leyes de la naturaleza.

Lewis responde que la bala, el gatillo, el campo de batalla y los soldados no son leyes de la naturaleza, sino cosas que obedecen a las leyes. Y lo ilustra con este ejemplo: podemos añadir cinco dólares a otros cinco, y tendremos diez dólares, pero la aritmética por sí misma no pondrá un solo dólar en nuestros bolsillos. Eso significa que las leyes explican todas las cosas, excepto el mismo origen de las cosas, y esa es una inmensa excepción.

Lewis concluye su argumentación con una deslumbrante comparación literaria:

> En *Hamlet* se rompe una rama y Ofelia cae al río y se ahoga. ¿Ocurre el suceso porque se rompe la rama o porque Shakespeare quiere que Ofelia muera en esa escena? Puedes elegir la respuesta que más te guste, pero la alternativa no es real desde el momento en que Shakespeare es el autor de la obra entera.

6. André FROSSARD

Sé la verdad sobre la más disputada de las cuestiones y el más antiguo de los procesos: Dios existe. Yo me lo encontré. Si el azar cupiese en esta especie de aventura, diría que me lo encontré por casualidad, con el asombro del paseante que al doblar una calle de París viese, en lugar de la plaza o del cruce habituales, un mar inesperado batiendo con su oleaje la planta baja de las casas, y extendido hasta el infinito. Fue un momento de estupor que dura todavía. Nunca me he acostumbrado a la existencia de Dios.

Si André Frossard (1915-1995) no hubiera sido un prestigioso periodista francés, clarividente y equilibrado, le habrían tomado por loco. Hijo del primer secretario del partido comunista francés, se consideraba un ateo perfecto, de esos que ni se preguntan por su ateísmo. Los mismos anticlericales le parecían un poco patéticos y ridículos, como lo serían unos historiadores empeñados en refutar el cuento de Caperucita Roja. Además, no hacían más que prolongar en vano un debate cerrado por la Razón mucho tiempo atrás, pues estaba claro que Dios no existía, que el cielo estaba desierto y que la Tierra era una combinación de elementos reunidos al azar.

Frossard era escéptico. De todas formas,

> si admitiera la posibilidad de alguna verdad, los curas serían las últimas personas a las que iría a preguntar, y la Iglesia, a la que no conozco sino a través de alguna de sus chapuzas temporales, sería el último lugar donde iría a buscarla.

Sin embargo, una tarde entrará en una capilla parisina del barrio latino, en busca de un amigo. Entrará escéptico y ateo de extrema izquierda, y saldrá, cinco minutos más tarde, católico, apostólico y romano, *arrollado por la ola de una alegría inagotable*. Entrará con veinte años y saldrá como un niño, con los ojos desorbitados por lo que ve a través del inmenso desgarrón que acaba de abrirse en el toldo del mundo. Y cuando intente ponerlo por escrito, resumirá todo en un famoso título: *Dios existe. Yo me lo encontré*.

Pero Frossard se reconoce incapaz de describir la senda que le llevó a Dios, sencillamente porque no hubo tal camino.

> Pensaba en cualquier otra cosa cuando caí en una especie de emboscada. Así que este libro no cuenta cómo he llegado al catolicismo, sino cómo no iba hacia él cuando me lo encontré. No es el relato de una evolución intelectual, sino la reseña de un acontecimiento fortuito, algo así como el atestado de un accidente.

Y es que, a los dos o tres minutos de entrar en la capilla, se desencadena un prodigio cuya violencia va a desmantelar en un instante todo lo que Frossard pensaba y vivía. Le será mostrado:

> un mundo distinto, de un resplandor y de una densidad que arrinconan al nuestro entre las sombras frágiles de los sueños incompletos. Él es la realidad, él es la verdad, la veo desde la ribera oscura donde aún estoy retenido. Hay un orden en el universo, y en su vértice, más allá de este velo de bruma resplandeciente, la evidencia de Dios. La evidencia hecha presencia y hecha persona de Aquel a quien yo habría negado un momento antes, a quien los cristianos llaman *Padre nuestro*, y del que aprecio que es dulce, con una dulzura no semejante a ninguna otra.
>
> Todo está dominado por la presencia, más allá y a través de una inmensa asamblea, de Aquel cuyo nombre jamás podría escribir sin el temor de herir su ternura, ante Quien tengo la dicha de ser un niño perdonado, que se despierta para saber que todo es regalo.

Un sacerdote se encargó de prepararle para el bautismo.

> Lo que me dijo de la doctrina cristiana lo esperaba y lo recibí con alegría. La enseñanza de la Iglesia era cierta hasta la última coma, y yo tomaba parte en cada línea con un redoble de aclamaciones, como se celebra una diana en el blanco. Una sola cosa me sorprendió: la Eucaristía. No es que me pareciese increíble, pero me maravillaba que el amor divino hubiese encontrado esa forma inaudita de comunicarse, y sobre todo que hubiese escogido el pan, que es alimento del pobre y alimento preferido de los niños. De todos los dones que me ofrecía el cristianismo, ese era el más hermoso.

La avalancha de preguntas que suscitó *Dios existe* provocó la respuesta de Frossard en otro libro: *¿Hay otro mundo?* Su comienzo obligado afirma la existencia de un mundo cuyo espacio no es el nuestro, cuyo tiempo tampoco es el nuestro, que no pertenece a nuestro universo ni se rige por nuestras leyes.

> Con la mirada del espíritu, yo lo he visto alzarse más bello que la belleza, más luminoso que la luz. Sería un gran error imaginarlo descolorido y fantasmal, como si fuera menos concreto que nuestro mundo sensible. La verdad es lo contrario: es un mundo de una plenitud y de una densidad prodigiosas. Es la realidad, la última realidad, la que hace que las cosas sean lo que son. Hacia ese mundo, donde tiene lugar la resurrección de los cuerpos, todos nos dirigimos. No entraremos en una forma etérea, sino en el corazón de la vida misma, y allí experimentaremos esa inaudita alegría, multiplicada por toda la dicha que a su alrededor dispensa, y por el misterio central de la efusión divina.

Aunque ya lo ha dicho, Frossard se ve obligado a repetir que entró ateo y por casualidad en una capilla de París, y que salió católico unos minutos más tarde. También repetirá, para eliminar cualquier sospecha de simpatía previa, su distancia frente a la Iglesia:

> Ninguna institución me era tan extraña como la Iglesia católica, ni tan antipática diría, si la palabra no incluyera un matiz de hostilidad que no iba conmigo. Era la Luna, el planeta Marte. Voltaire no me la había elogiado, y yo casi no leía a nadie más que a él y a Rousseau desde mis doce años. No obstante, fue a ella, y a ninguna otra, a donde fui devuelto, remitido o confiado, no lo sé, como a una nueva familia.

La educación del joven Frossard incluía las principales objeciones que se han formulado contra la Iglesia católica.

> ¿Cómo hubiera podido yo aprender algo útil y verdadero sobre la Iglesia? Mis libros solamente me habían hablado de ella en términos difamatorios: se agarraban a sus pequeñeces y acentuaban sus faltas, olvidaban sus buenas obras e ignoraban sus grandezas (...). Mis libros reconocían el antiguo poder de la Iglesia, pero lo hacían para mejor censurar el uso que había hecho de él. Su historia era la de una larga y fructuosa empresa dominadora con máscara filantrópica, pues solo predicaba la humildad para obtener resignación, y la esperanza para no oír hablar de justicia. Esos libros míos citaban gustosamente a los inquisidores y a los Papas pendencieros, pero nunca hablaban de los mártires ni de los santos (...). Se mostraban prolijos al hablar de la cabeza política de la Iglesia terrestre, pero mudos en cuanto a su corazón evangélico. Yo conocía todo sobre el comportamiento despótico de Julio II e ignoraba absolutamente los encendimientos poéticos de Francisco de Asís».
>
> No me habían dicho que, si la Iglesia no siempre había arrostrado en este mundo el buen combate, por lo menos había guardado la fe y que únicamente la fe nos había hecho amistosa esta tierra. No me habían dicho que la Iglesia nos había dado un rostro a quienes no sabemos con exactitud si somos dioses o gusanos cenagosos, si somos el adorno supremo del universo o un débil retorcimiento de moléculas en una parcela de fango perdida en un océano de silencio. La Igle-

> sia sabía –y constatamos que era la única en saberlo en este siglo de terror– lo que son la deportación y la muerte; sabía que el hombre es un ser que no cuenta finalmente más que para Dios.
>
> Mis libros no me habían dicho que la Iglesia nos había salvado de todas las desmesuras a las que –indefensos– somos entregados desde que no se la escucha o cuando ella se calla. No me decían que la Iglesia, por sus promesas de eternidad, había hecho de cada uno de nosotros una persona insustituible, antes que nuestra renuncia al infinito hiciera de nosotros un átomo efímero (...). No me decían mis libros que sus dogmas eran las únicas ventanas horadadas en el muro de la noche que nos envuelve y que el único camino abierto hacia la alegría era el pavimento de sus catedrales, gastado por las lágrimas».

El Dios de André Frossard no es el Ser vago y anónimo de la Filosofía, sino el Ser que el orden del mundo sugiere, que la belleza propone, que el pensamiento desea, pero que no dan ni el orden ni la belleza ni el pensamiento. Un Ser tal que, desde el día en que lo encontró, haga lo que haga la naturaleza y digan lo que digan los hombres, ya no le han hablado más que de Él.

Ese recuerdo imborrable hará que el viejo periodista escriba, muchos años más tarde, palabras en las que sigue vibrando la emoción del gran descubrimiento:

> ¡Dios mío! Entro en tus iglesias desiertas, veo a lo lejos vacilar en la penumbra la lamparilla roja de tus sagrarios y recuerdo mi alegría. ¡Cómo podría haberla olvidado! ¡Cómo echar en olvido el día en que se ha descubierto –entre los muros de una capilla hendida de repente por la luz– el amor desconocido por el que se ama y se respira;

donde se ha aprendido que el hombre no está solo, que una invisible presencia le atraviesa, le rodea y le espera; que más allá de los sentidos y de la imaginación existe otro mundo, donde a su lado este universo material, por hermoso que sea y por insistente que sepa hacerse, no es más que vapor incierto y lejano reflejo de la belleza que lo ha creado? Porque hay otro mundo. Y no hablo de él por hipótesis, por razonamiento o de oídas. Hablo por experiencia.

7. Edith STEIN

Mi sed de verdad era toda una oración en sí misma.

Edith Stein (1891-1942), la menor de una familia de alemanes judíos, fue educada según un elevado código ético integrado por virtudes como la sinceridad, el trabajo, el sacrificio y la lealtad. En su magnífica autobiografía, que lleva por título *Estrellas amarillas,* nos cuenta que conocía la religión judía pero no creía en ella ni la practicaba, y que su búsqueda apasionada de la verdad le llevó a estudiar Filosofía en la Universidad de Göttingen, porque allí enseñaba Edmund Husserl, famoso por su obra *Investigaciones lógicas*. Husserl, que había abandonado las Matemáticas por la Filosofía, gozaba de un inmenso prestigio y desenmascaraba el cientificismo con palabras severas: «La ciencia no tiene nada que decir sobre la angustia de nuestra vida, pues excluye por principio las cuestiones más candentes para los hombres de nuestra desdichada época: las cuestiones del sentido o sinsentido de la existencia humana».

Edith participa activa y gozosamente en la vida universitaria. Esos años serán para ella una etapa de especial maduración:

> Todas las pequeñas bonificaciones que nos proporcionaba nuestro carné de estudiantes –rebajas para el teatro, para conciertos y otros espectáculos– las veía yo como un cuidado amoroso del Estado para con sus hijos predilectos, y despertaban en mí el deseo de corresponder más tarde con agradecimiento a la sociedad y al Estado, mediante el ejercicio de mi profesión. Yo me indignaba por la indiferencia con que la mayoría de mis compañeros reaccionaban ante las cuestiones sociales. Algunos no hacían otra cosa en los primeros semestres que ir tras los placeres. A otros solo les preocupaba lo que necesitaban para pasar el examen y más tarde asegurarse el pesebre.

Entre los compañeros de Edith se decía en broma que, mientras otras chicas soñaban con besos, ella soñaba con Husserl. Lo cierto es que, a través de las *Investigaciones lógicas*, se embarcó en la búsqueda incondicional de la verdad hasta llegar a ser ayudante de cátedra del maestro. Alrededor de Husserl se había formado un grupo de jóvenes bien dotados y tenaces en el estudio: Adolf Reinach, Max Scheler, Roman Ingarden, Hans Lipps, Dietrich von Hildebrand y algunos otros. Todos brindaron a Edith su amistad y dieron a esos años un sabor inolvidable:

> ¡Querida ciudad de Göttingen! Creo que solo quien haya estudiado allí entre 1905 y 1914, en el

corto tiempo de esplendor de la escuela fenomenológica, puede comprender lo que nos hace vibrar este nombre.

Edith se integró en el grupo gracias a la generosidad de Adolf Reinach, joven profesor de mente aguda y gran corazón. Reinach, ateo, se enfrentó al horror de la guerra en 1914, y la búsqueda de sentido le llevó a la fe cristiana. Edith también se sintió fascinada por Max Scheler, converso igual que Reinach:

> Tanto para mí como para otros muchos, la influencia de Scheler rebasó los límites del campo estricto de la Filosofía. No sé en qué año llegó a la Iglesia católica, pero ya por entonces se encontraba imbuido de ideas católicas y las propagaba con toda la brillantez y la fuerza de su palabra. Este fue mi primer contacto con un mundo completamente desconocido para mí. No me condujo todavía a la fe, pero me abrió a una esfera de fenómenos ante los que yo no podía estar ciega. No en vano nos habían inculcado que debíamos ver todas las cosas sin prejuicios ni anteojeras. Así cayeron los prejuicios racionalistas en los que me había educado sin darme cuenta, y el mundo de la fe apareció súbitamente ante mí. Personas con las que trataba diariamente y a las que admiraba vivían en él. Tenían que ser, por lo menos, dignas de ser consideradas en serio.

Los prejuicios de Edith eran los prejuicios de todo racionalismo: la tendencia a pensar que solo el conocimiento que significa un control exhaustivo de la realidad es digno de una persona culta. Esos prejuicios la encerraron durante años en un mundo estrecho, hasta que el trato con la escuela fenomenológica fue derribando las barreras. Un día, paseando con Pauline Reinach por la ciudad vieja de Francfort y recordando lo que de ella cuenta Goethe, Edith confiesa que le esperaba una experiencia mucho más impresionante:

> Entramos unos minutos en la catedral y, en medio de aquel silencio, entró una mujer con su bolsa del mercado y se arrodilló con profundo recogimiento para orar. Esto fue para mí algo totalmente nuevo. En las sinagogas y en las iglesias protestantes que yo conocía, se iba solamente para los oficios religiosos. Aquí, en cambio, cualquiera en medio de su trabajo se acercaba a la iglesia vacía para un diálogo confidencial. Esto no lo he podido olvidar.

La Primera Guerra Mundial hace saltar la paz en mil pedazos. Papini dirá que, en esos años, Europa será un infierno iluminado por la condescendencia del sol. Edith se enfrentará a esa nueva situación con energía y un gran sentido de la solidaridad.

> Ahora mi vida no me pertenece, me dije a mí misma. Todas mis energías están al servicio del gran acontecimiento. Cuando termine la guerra, si es que vivo todavía, podré pensar de nuevo en mis asuntos personales.
>
> Supe que se preparaba un curso de enfermeras para estudiantes e inmediatamente me inscribí. A partir de ese momento fui a diario al Hospital de Todos los Santos. Asistía a clases sobre cirugía y epidemias de guerra y aprendí a hacer vendajes y a poner inyecciones. También hacía ese curso mi antigua compañera Toni Hamburger, y ambas competíamos por adquirir conocimientos. Como nuestro manual de enfermera no me satisfacía, en casa eché mano del atlas de anatomía de Erna y sus gruesos manuales de Medici-

> na. Iba frecuentemente a la clínica de ginecología a verlas y para hacer prácticas de asistencia a partos. Se alegraban mucho de mi interés por su especialidad.
>
> Tuvimos que declarar si nos poníamos a disposición de la Cruz Roja. Por parte de mi madre encontré una fuerte resistencia. Como sus argumentos no surtían efecto, me dijo con toda su energía: «No irás con mi consentimiento». A lo cual yo repuse abiertamente: «En ese caso tendré que ir sin tu consentimiento». Mis hermanas asintieron a mi dura respuesta. Mi madre no estaba acostumbrada a una resistencia semejante. Arno o Rosa le habían dirigido frecuentemente palabras mucho peores, pero en momentos de excitación en los que estaban fuera de sí, y que se olvidaban inmediatamente. En este caso, la situación era peor.

Adolf Reinach muere en el frente de batalla. Edith viaja a Friburgo para asistir al funeral y consolar a la viuda. La entereza de su amiga Ana, su confianza serena en que su marido estaba gozando de la paz y la luz de Dios reveló a Edith el poder de Cristo sobre la muerte. Hubiera sido comprensible la rebelión de Ana ante la desgracia que destruía su vida, y Edith hubiera considerado normal encontrarla abatida o crispada. Pero se encontró con algo totalmente inesperado: una paz que solo podía tener un origen muy superior a todo lo humano.

> Allí encontré por primera vez la Cruz y el poder divino que comunica a los que la llevan. Fue mi primer vislumbre de la Iglesia, nacida de la Pasión redentora de Cristo, de su victoria sobre la mordedura de la muerte. En esos momentos, mi incredulidad se derrumbó, y el judaísmo palide-

ció ante la aurora de Cristo: Cristo en el misterio de la Cruz.

Esta luz se acrecentó de forma decisiva en la casa de campo de unos amigos. Pasaba Edith unos días de vacaciones. Una noche tomó de la biblioteca un libro al azar, que resultó ser *La vida* de Santa Teresa, su célebre autobiografía.

> Empecé a leer y fui cautivada inmediatamente, sin poder dejar de leer hasta el fin. Cuando cerré el libro, me dije: «¡Esto es la verdad!».

El 1 de enero de 1922, Edith sintió que, con el bautismo, renacía a una vida que la colmaba de gozo. Dejó la Universidad y trabajó en el Instituto Pedagógico de Münster hasta su destitución, en 1933, por el régimen nacionalsocialista. Un año más tarde profesó como carmelita descalza. En 1938, ante el antisemitismo nazi, sus hermanas del Carmelo de Colonia piensan que es prudente que salga de Alemania y se traslade al convento de Echt, en Holanda. Allí fue hecha prisionera en 1942. El 9 de agosto de ese mismo año entregó su alma al Señor en las cámaras de gas del campo de concentración de Auschwitz.

8. Vittorio MESSORI

No he tenido una infancia ni una juventud católica. Lo que sí he conocido de cerca es la cultura laicista. Y, luego, un encuentro misterioso y fulgurante con el Evangelio, con una Persona, con Jesucristo. Y, después, con la Iglesia.

Como muchos conversos, el periodista Vittorio Messori (Italia 1941) no quería ni buscaba ser cristiano, y no tuvo una infancia ni una juventud ni una educación católicas. Él mismo lo cuenta en una entrevista realizada por Pérez Arangüena y publicada en *Palabra* en abril de 1997.

> Nací en plena guerra mundial, en la región quizá más anticlerical de Europa, la de don Camilo y Peppone, de Guareschi. Mis padres no estaban precisamente de parte de don Camilo. Me bautizaron como si fuera una especie de rito supersti-

> cioso, sociológico, y después no tuve ningún contacto con la Iglesia. En Turín asistí a un colegio público donde no se hablaba de religión más que para inculcarnos el desprecio teórico hacia ella. Cuando acabé el bachillerato, decidí estudiar Ciencias Políticas.

Se ha dicho que, cuando el cielo se vacía, la tierra se llena de ídolos. El cielo de Messori estaba, por supuesto, vacío y el ídolo que llenaba su mundo era la política. A ella se entregó con pasión, y se comprometió con la izquierda.

> Casi acabando mis estudios me di cuenta de que la política solo respondía las penúltimas preguntas. Mientras las cosas van bien, uno está sano, es joven y posee algo de dinero, la religión le parece algo anacrónico, que no necesita para nada. En cambio, para contestar las últimas preguntas, esas que uno se formula cuando está solo, delante del espejo o cuando reflexiona sobre el dolor o el mal, la política es claramente insuficiente.

Sin embargo, Messori estaba convencido de que no podría encontrar respuestas fuera de la política, precisamente por pensar que el cristianismo y cualquier dimensión religiosa pertenecía a un mundo antiguo y superado.

> Más que ateo, yo era un agnóstico radical: no me importaba que Dios existiese o no. Pertenecía a una generación posterior a la de mis padres, que insultaban al Papa cuando aparecía en la televisión o se enfadaban si uno hablaba de religión. Yo, en cambio, pasaba del tema.

Messori era un universitario de muchas y variadas lecturas, que incluían a Homero y a los líricos y trágicos griegos en su idioma original. Pero no había leído el Nuevo Testamento. Su propia carencia le hará decir que se pueden obtener doctorados en historia sin haber rozado siquiera el problema de la existencia de aquel oscuro carpintero que partió la historia en dos: antes y después de Cristo. Sin embargo, cuando abrió el Evangelio por primera vez, no encontró un libro, sino una Persona: Jesucristo. «Fue algo que todavía me tiene aturdido. Cambió mi vida, obligándome a darme cuenta de que allí había un misterio al que valía la pena dedicar la vida».

Después, como un trabajo periodístico, inició el estudio crítico del texto evangélico. Pensaba en los futuros lectores, pero antes buscaba para sí mismo las respuestas sobre la veracidad de los Evangelios y la divinidad de Jesucristo: «El Evangelio, ¿es bella poesía oriental, folclore semítico o es la verdad? Jesucristo, ¿es un gran moralista, un maestro de valores –como tantos otros– o es la Segunda Persona de la Trinidad, encarnada?». Ese trabajo se alargó diez años, y en su transcurso el autor acabó por quedar subyugado por el tema que investigaba. Su resultado fue *Hipótesis sobre Jesús*, un libro apasionado en la forma y riguroso en el fondo, que Messori nos ofrece con estas palabras sinceras:

> He trabajado sobre todo para mí, y he procurado no engañarme a mí mismo. Dios, si existe, no necesita de nuestras mentiras. El personaje histórico llamado Jesús tiene derecho a la verdad, no a astucias apologéticas. Y nosotros tenemos derecho a ser informados, no tranquilizados. También he tratado de atenerme a aquello que todos pueden aceptar: a lo que, en la medida de lo posible, está fuera de discusión.
>
> Pienso que no se necesita pasión por el género policíaco para sentirse subyugado por esta historia. Nos interesa a todos por el solo hecho de vi-

vir. *Están ustedes embarcados*, recuerda Pascal a cuantos tratan de eludir el problema del propio destino.

Antes del nacimiento y después de la muerte, la existencia humana se sumerge en lo desconocido. Parece acertado comparar nuestra condición a la de un viajero que se despierta en un tren que atraviesa la negrura de la noche. Sabe que el tren acabará por entrar en el túnel inevitable de la muerte, pero nada sabe de lo que hay después de ese misterioso túnel. *No hay nada*, dirán algunos. Y es una opinión respetable, pero no dispone de pruebas, porque ninguno ha vuelto para contarnos el término del viaje, excepto Jesús. Él es, en efecto, el único hombre de quien se afirma con rigor histórico que atravesó del túnel de la muerte en los dos sentidos, y nos habló del más allá.

Historicidad y veracidad de los evangelios

Cualquier bibliófilo puede comprobar que ningún libro antiguo ha sido transmitido con tanta exactitud y abundancia de manuscritos como el Nuevo Testamento. Messori nos dice que se conocen cerca de cinco mil manuscritos neotestamentarios, algunos de los cuales son de los siglos II y III. Para comprender la inaudita autoridad textual con que está avalado el Nuevo Testamento hay que compararlo con los clásicos griegos y latinos, cuyas copias más antiguas son escasas y están separadas de los originales por más de mil años. En el caso concreto de Platón, esa separación es de trece siglos. A pesar de ello, el estudio crítico de los clásicos griegos y romanos jamás ha pensado negar en bloque la autenticidad de los textos o la existencia del autor.

Por veracidad o historicidad entendemos la adecuación entre un texto antiguo y la realidad que narra. En el caso de los Evangelios, es perfectamente comprobable que refieren palabras que han sido verdaderamente pronunciadas, y que narran hechos que realmente han sucedido, que han sido vistos por testigos cualificados y que han tenido una gran repercusión en la historia humana. La investigación histórica ha comprobado que Jesucristo predicó en Palestina y fue crucificado en tiempos de Poncio Pilato, que fundó la Iglesia, que al tercer día de su muerte comenzó a aparecerse a sus discípulos y que estos experimentaron un cambio extraordinario en su conducta.

Sin embargo, entre los cuatro evangelios aparecen varias versiones discordantes de un mismo pasaje. Así sucede, por ejemplo, con la lista de antepasados de Jesús o con el texto del pequeño cartel que Pilato hizo clavar en la cruz. Más nos sorprende que san Lucas sitúe el *sermón de la montaña* en una llanura. Cierta crítica poco sutil ha querido ver en estas discordancias una prueba de la falsedad de los textos evangélicos, de su pretendido origen inventado. Pero, bien pensado, este comportamiento de la Iglesia primitiva sería absurdo si los textos evangélicos hubiesen sido inventados, pues nada dificultaría en ese caso una coincidencia total. Por el contrario, la propia Iglesia prohibió severamente el maquillaje de sus textos canónicos, y esa actitud solo se explica, si la primera comunidad cristiana ha recibido esos cuatro textos como intocables. Por ello, la conclusión lógica sería otra: el absurdo de presentarse ante el mundo con unos textos que se prestan a la objeción inmediata de los adversarios solo se explica si se admite que, en el comienzo de todo, exige un mensaje imposible de manipular.

Otras muchas razones –algunas muy sorprendentes– avalan la veracidad de los textos evangélicos. En ellos, por ejemplo, no se dice una palabra sobre el aspecto físico de Jesús. Nada que pueda servir de pábulo a la devoción o a la curiosidad. Esta sobriedad es inexplicable si los evangelios son inventados, pues no existe mitología o epopeya religiosa que no se haya preocupado constantemente de describir el físico de su héroe. Entre la multitud de ejemplos que aduce Messori, el evangelista Mateo hace algo absolutamente incomprensible al entregarnos la *genealogía* de Jesús: introduce, en la larga serie de nombres masculinos, cuatro nombres de mujer, además del de María. La mujer, criatura mirada con desconfianza en el mundo hebreo, incluso considerada impura, con su solo nombre creaba un clima sospechoso, sobre todo, en una genealogía que trataba de revestirse con aires de solemnidad. Pero ese escándalo resulta intolerable, si se examina de cerca a esas cuatro mujeres, pues en sus vidas encontramos incesto, prostitución, adulterio y asesinato. Textos inventados jamás hubieran comenzado así, con un reto tan descarado a lo más sagrado de una cultura a la que se pretende convencer y convertir.

Todo esto –concluye Messori– nos lleva a pensar que los apóstoles y evangelistas no se apartaron un ápice de la verdad, porque en la Palestina de entonces vivían muchísimos que habían conocido a Jesús y hubieran desenmascarado cualquier falsificación. Sobre todo, la hostilidad de los opositores les obligaba a no apartarse de la verdad de los hechos. Cualquier judío que hubiera dicho «bebed mi sangre» habría sido lapidado en el acto, pues entre los tabús más rigurosos del hebraísmo está la abstención de sangre. Es un indicio más de que no fue la primitiva comunidad cristiana la que creó la enseñanza evangélica, sino que fue, por el contrario, obligada a aceptar un mensaje desconcertante y blasfemo.

Divinidad de Jesucristo

Jesucristo es el único hombre a quien se ha asociado sin mediatizaciones el nombre de Dios. Pero muchos deben de estar ya habituados a este

> escándalo inaudito (...). En la Biblioteca Nacional de París, espejo fiel de la cultura occidental, su nombre es el segundo en el número de fichas. El primero, y también es significativo, es *Dios* (...). En estas páginas he tratado de examinar las razones de la testaruda e increíble afirmación de que aquel oscuro palestino es el Salvador de todos los hombres.

Así escribe Messori al comienzo de su *Hipótesis sobre Jesús*. Después aborda la cuestión de las profecías mesiánicas. En el Antiguo Testamento, las profecías sobre Jesús son más de trescientas. Pascal reflexiona sobre este dato asombroso y concluye que, si un hombre hubiera compuesto un libro de profecías sobre la venida de Jesucristo, el cumplimiento de esas profecías tendría una fuerza divina. Sin embargo, lo que ha sucedido es mucho más: una sucesión de hombres, durante dos mil años, han profetizado el mismo acontecimiento. Es todo un pueblo quien lo anuncia.

Buda, Confucio, Lao Tse, Mahoma y todos los iniciadores de las grandes religiones aparecen por generación espontánea, sin que una tradición religiosa anterior les haya anunciado. Jesús, en cambio, viene precedido por una expectativa de dos mil años, y su Iglesia prosigue su obra durante otros dos mil. Un desarrollo ininterrumpido a lo largo de cuarenta siglos es contrario a las leyes que rigen los fenómenos históricos.

> Al margen de la fe, es innegable que, en el plano objetivo de la historia, lo que profetizaron hace milenios los profetas de Israel se ha cumplido totalmente. Israel ha transferido su predominio religioso a un pueblo que nació de él y que afirma haber sido congregado por un Dios que ha bajado al terreno de la historia para situarse como

pastor. Y este nuevo pueblo se ha extendido por toda la tierra de manera increíble.

Adelantándose siglos al cumplimiento de sus profecías, Isaías nos pinta el cuadro más realista y dramático de la Pasión de Cristo. Messori reproduce sus pasajes más célebres:

> *No hay en él parecer, no hay hermosura que atraiga las miradas ni belleza que agrade. Despreciado, desecho de los hombres, varón de dolores, conocedor de todos los quebrantos, ante quien se vuelve el rostro, menospreciado, estimado en nada* (Is LIII, 2-3).
>
> *Fue él quien tomó sobre sí nuestras enfermedades y cargó con nuestros dolores, y nosotros le tuvimos por castigado, herido de Dios y humillado. Fue traspasado por nuestras iniquidades y molido por nuestros pecados. El castigo de nuestra salvación pesó sobre él, y en sus llagas hemos sido curados* (Is LIII, 4-5).
>
> *Desde la planta de los pies hasta la cabeza, no hay en él nada sano. Heridas, hinchazones, llagas podridas, ni curadas, ni vendadas, ni suavizadas con aceite* (Is I, 6).

El cumplimiento de estas profecías es tan exacto que ha llevado a sospechar de los autores de los Evangelios. A sospechar que diseñaron un Mesías conforme al retrato profético. Así, Jesús sería un producto prefabricado, montando pieza a pieza los vaticinios proféticos del Antiguo Testamento. Pero la expectación general en Israel caminaba en dirección opuesta a la que siguió Jesús. Los judíos esperaban un rey liberador del yugo político de Roma y se encontraron con un ajusticiado al que Roma misma crucifica. Sin embargo, los profetas ya habían anunciado que el Mesías reinaría en los corazones de los hombres. Pasaron los grandes imperios –Egipto, Babilonia, Roma–, pero, en los veinte siglos transcurridos desde la aparición de Jesús, su reino ha demostrado ser el único que no lleva camino de terminar de la misma forma.

> El austero documento de esta oscura secta de Oriente [...] pone en los labios de su héroe malogrado estas palabras: *El cielo y la tierra pasarán, pero mis palabras no pasarán* [...]. Y lo cierto es que la realidad histórica de este Jesús ha hecho violencia a la historia hasta convertirse en su quicio (Hegel) y cambiar su derrotero de forma irreversible (Nietzsche).

Divinizar a una persona era posible en el Imperio Romano, pero totalmente imposible entre los judíos. Ellos adoraban a Yahvé, el Dios único, trascendente e inefable, cuyo nombre no debía siquiera pronunciarse. Asociar a Yahvé un hombre era el sacrilegio máximo, la abominación suprema. Por eso, suponer que un galileo haya podido equipararse a Dios y ser adorado como tal pocos años después de su muerte, es no conocer nada del mundo hebreo. Para san Agustín, ese sería «el más grande de los milagros». Los judíos acataban al emperador romano, pero estaban dispuestos a dejarse lapidar antes que reconocerle cualidades divinas. De hecho, san Esteban, el primer temerario que se atrevió a proclamar en público la divinidad de Jesucristo, fue arrastrado fuera de la ciudad y lapidado.

Para admitir que la divinidad de Jesucristo es fruto de la credulidad de sus contemporáneos, habría que olvidar que los judíos prefirieron el martirio colectivo y la destrucción total del país antes que aceptar la sola pintura del emperador divinizado en Jerusalén. Como bien se ha hecho notar, Mahoma y el islamismo son la rebelión de la misma sangre semita contra la incomprensible pretensión cristiana de igualar a un hombre con Dios.

Jesucristo y el misterio del mal

La eterna objeción del mal provoca un grave dilema: o Dios puede impedir el mal, y en tal caso no es bueno porque no lo impide, o Dios no puede impedir el mal, y entonces no es omnipotente. En ambos casos le falta a Dios un atributo esencial: o la bondad o el poder. Y eso justifica la negación de su existencia. Messori es implacable en este punto. ¿Cómo respetar a un Ser Supremo que juzgó conveniente incluir en su divino sistema el cáncer y la locura? ¿Qué plan divino es el de aquella Mente que decidió arrebatar a los ancianos el poder de controlar la orina y los excrementos o que decidió que nacieran los deficientes mentales? En tal caso, la creación es más bien el pecado mortal de tal Creador, y su única posibilidad de escapar a esta objeción es no existir. Y si existiese –cantaban los comuneros de París–, habría que fusilarlo.

Sin embargo, Messori descubre que Dios no escamotea las dificultades. La Biblia, el libro donde Él nos habla, es un gran tratado sobre el sufrimiento. Encontramos en sus páginas enfermedades y guerras, muerte de los propios hijos, deportación y esclavitud, persecución, hostilidad, escarnio y humillación, soledad y abandono, infidelidad e ingratitud, así como remordimiento de conciencia. Y en la Biblia, la última palabra sobre el sentido del dolor no es Job, sino Jesucristo. «Tanto amó Dios al mundo, que entregó a su Hijo único para que todo el que crea en Él no perezca, sino que tenga la vida eterna». Estas palabras de Cristo a Nicodemo indican que el hombre será salvado mediante el propio sufrimiento de Cristo.

El sufrimiento, vinculado misteriosamente al pecado original y a los pecados personales de los hombres, es padecido por el mismo Dios. Cristo sufrió en sus carnes la fatiga, el hambre, la sed, la incomprensión, el odio y la tortura de la Pasión. De todas las respuestas al misterio del sufrimiento, esta que san Pablo llamará «la doctrina de la Cruz» es la más radical. Porque nos dice que, si la Pasión de Cristo es el precio de nuestro rescate, el sufrimiento humano es la colaboración del hombre en su misma redención. Por eso, la Iglesia considera el sufrimiento un bien ante el cual se inclina con veneración, con la profundidad de su fe en la Redención. Messori lo resume así:

> No hay otra respuesta al problema del mal que la cruz de Jesús, en la que el mismo Dios sufrió el último suplicio. Solo esta respuesta elimina el escándalo de un Dios tirano que se divierte con los sufrimientos de sus criaturas, porque propone a la vista de todos un escándalo mayor aún.

9. Narciso YEPES

Sencillo y genial al mismo tiempo, Narciso Yepes (1927-1997) personifica un importante capítulo de la historia universal de la guitarra. Las páginas siguientes reflejan su hondura religiosa y reproducen en su mayor parte la entrevista que concedió a Pilar Urbano, publicada en el número 149 de la revista Época, en enero de 1988.

El pretexto de esta conversación es el sillón número 18 de la Real Academia de Bellas Artes que, sustituyendo a Andrés Segovia, ocupará Yepes. Pero el motivo es, como siempre, abrir de par en par el personaje y asomarse a la persona: este hombre de cuerpo pequeño y macizo, rostro tosco, mirada suave como la seda y sonrisa inocente. Este hombre de manos pequeñas y gordezuelas, como nidos de gorrión, pero, ¡ah!, prodigiosamente sensitivas, certeras y firmes en el acorde, audaces y agilísimas en el arpegio. Manos que rasguean, que tañen, que pulsan, que hacen vibrar y estremecerse las cuerdas de la guitarra, como si las yemas de sus dedos fuesen las terminales inteligentes de un portentoso cerebro... zahorí de manantiales musicales. Que eso es Narciso Yepes: un insaciable buscador del agua sonora que duerme en el cuenco oscuro de su guitarra.

—Narciso, dígame una cosa con toda sinceridad: ¿Qué es el triunfo para usted?

—Me pide sinceridad total, ¿no? Pues así le hablaré. Jamás me he preocupado por el éxito ni por el triunfo ni por el aplauso... Todo lo que me ha ido viniendo de aceptación, por parte del público o de la crítica, lo he recibido con las mismas dosis de alegría que de humildad. Yo soy humilde de cuna y creo que soy humilde de espíritu. Y en eso no pienso cambiar. Nunca me he envanecido ni me he endiosado. El éxito no afecta al interior de mi ser. Dicho con más crudeza: mis entrañas no saben qué es la fama. Y eso es bueno. Uno sigue siempre aguijoneado por el instinto de superación. No considero jamás que en nada de lo que hago haya llegado a la cumbre.

—Pero usted trabaja con sus partituras y su guitarra para dar esa música a otros...

—Sí, ¿y qué?

—Luego... está buscando un eco, y que le sea favorable.

—Yo recreo la música, primero, para mi gozo solitario. Y, solo después, para darla a oír a los demás. Cuando doy un concierto, sea en un gran teatro, sea en un auditórium palaciego o en un monasterio, o... tocando solo para el Papa, como hice una vez en Roma ante Juan Pablo II, el instante más emotivo y más feliz para mí es ese momento de silencio que se produce antes de empezar a tocar. Entonces sé que el público y yo vamos a compartir una música, con todas sus emociones estéticas. Pero yo no solo no busco el aplauso, sino que, cuando me lo dan, siempre me sorprende..., ¡se me olvida que, al final del concierto, viene la ovación! Y le confesaré algo más: casi siempre, para quien realmente toco es para Dios... He dicho «casi siempre» porque hay veces en que, por mi culpa, en pleno concierto puedo distraerme. El público no lo advierte. Pero Dios y yo sí.

—Y..., ¿a Dios le gusta su música?

—¡Le encanta! Más que mi música, lo que le gusta es que yo le dedique mi atención, mi sensibilidad, mi esfuerzo, mi arte..., mi trabajo. Y, además, ciertamente, tocar un instrumento lo mejor que uno sabe, y ser consciente de la presencia de Dios, es una forma maravillosa de rezar, de orar. Lo tengo bien experimentado.

—Perdone la humorada, Yepes: es precioso que usted actúe para un espectador divino; pero, si al artista en pleno concierto «se le va el santo al cielo», el público puede pensar que allí está de más...

—¡No! ¡Yo toco con los pies bien en el suelo! Yo soy consciente de que hay un diálogo mudo, una corriente mutua de energía que pasa de mí al público y del público a mí. Cuando se tiene el alma llena de fe y de amor, necesariamente se produce esa comunicación. No das notas, das... todo un mundo de evocaciones, de ideas, y de emociones que están entre las notas y en tu mente y en tu corazón y en las yemas de tus dedos. Das... tu vida interior. Al espectador de butaca y al de allá arriba a la vez.

—¿Siempre ha tenido usted esa fe religiosa que ahora tiene?

—No. Mi vida de cristiano tuvo un largo paréntesis de vacío, que duró un cuarto de siglo. Me bautizaron al nacer, y ya no recibí ni una sola noción que ilustrase y alimentase mi fe... ¡Con decirle que comulgué por primera vez a los 25 años! Desde 1927 hasta 1951, yo no practicaba ni creía ni me preocupaba lo más mínimo que hubiera o no una vida espiritual y una trascendencia y un más allá. Dios no contaba en mi existencia. Pero... luego pude saber que yo siempre había contado para Él. Fue una conversión súbita, repentina, inesperada... y muy sencilla. Yo estaba en París, acodado en un puente del Sena, viendo fluir el agua. Era por la mañana. Exactamente, el 18 de mayo. De pronto, le escuché dentro de mí... Quizá me había llamado ya en otras ocasiones, pero yo no le había oído. Aquel día, yo tenía «la puerta abierta»... Y Dios pudo entrar. No solo se hizo oír, sino que entró de lleno y para siempre en mi vida.

—¿Una conversión a lo Paul Claudel, a lo André Frossard..., a lo san Pablo?

—¡Ah..., yo supongo que Dios no se repite! Cada hombre es un proyecto divino distinto y único; y para cada hombre Dios tiene un camino propio, unos momentos y unos puntos de encuentro, unas gracias y unas exigencias... Y toda llamada es única en la historia...

—Dice usted que «Le escuchó», que «se hizo oír»..., ¿he de entender, Narciso, que usted, allí junto al Sena, «oyó» palabras?

—Sí, claro. Fue una pregunta, en apariencia, muy simple: «¿Qué estás haciendo?». En ese instante, todo cambió para mí. Sentí la necesidad de plantearme por qué vivía, para quién vivía... Mi respuesta fue inmediata. Entré en la iglesia más próxima, *Saint Julian le Pauvre*. Y hablé con un sacerdote durante tres horas... Es curioso, porque mi desconocimiento era tal que ni me di cuenta de que era un iglesia ortodoxa. A partir de ese día busqué instrucción religiosa, católica. No olvide que yo estaba bautizado. Tenía la fe dormida y... revivió. Y ya desde aquel momento nunca he dejado de saber que soy criatura de Dios, hijo de Dios... Un hombre con una cita de eternidad que se va tejiendo y recorriendo ya aquí en compañía de Dios. Así como hasta entonces Dios no contaba para nada en mi vida, desde aquel instante no hay nada en mi vida, ni lo más trivial, ni lo más serio, en lo que yo no cuente con Dios. Y eso en lo que es alegre y en lo que es doloroso, en el éxito, en el trabajo, en la vida familiar, en una pena honda como la de que te llame la Guardia Civil a media noche para decirte que tu hijo ha muerto...

—Esa noticia, ese desgarro, ¿no le hizo encararse con Dios y... pedirle explicaciones? ¿Lo aceptó a pie firme?

—¿Pedirle explicaciones? ¿Por qué iba a hacerlo? Sentí y sigo sintiendo todo el dolor que usted pueda imaginarse..., y más. Pero sé que la vida de mi hijo Juan de la Cruz estaba amorosamente en las manos de Dios... Y ahora lo está aún con más plenitud y felicidad. Por otra parte, Pilar, cuando se vive con fe y de fe, se entiende mejor el misterio del dolor humano. El dolor acerca a la intimidad de Dios. Es... una predilección, una confianza de Dios hacia el hombre.

—Dios trata duro a los que quiere santos...

—Pues... sí. Así es. Pero no es el trato duro, áspero e insufrible de un todopoderoso tirano, sino..., ¿sabré hacerme entender?, la caricia de un padre que se apoya en su hijo. Y esa caricia... limpia, sosiega y enriquece el alma. Y se obtiene la certeza moral y hasta física de que la muerte ha de ser un paso maravilloso: llegar, por fin, a la felicidad que nunca acaba y que nada ni nadie puede desbaratar... ¡Empezar a vivir de verdad!

—Oyéndole hablar puede parecer que en usted no hay, como en todos los mortales, el hombre carnal, el bajo mundo de pasiones, la rebeldía del barro... Se diría que en usted hay una espiritualidad de superhombre o de superángel, sin lucha, sin tentación, sin caída... ¡y sin tibieza ni rutina! ¿No es demasiado sublime para ser real?

—Pues no habré sabido explicarme. ¡Claro que hay tentación! Pero también hay gracia. ¿Rutina, tibieza? Si se nutre a diario la experiencia de vivir estando al tanto de Dios, no cabe la rutina: Él interpela de continuo con preguntas y con solicitudes nuevas... Y uno va de hallazgo en hallazgo. ¡Nada es igual! Todo es novedad. Ya le dije que Dios no se repite nunca... Ciertamente, yo no le planteo rebeldía a Dios: hacer las cosas bien me cuesta, como a cualquiera. Pero, desde la libertad para decir «no quiero», decido decir «sí quiero». Porque, además de creer en Dios..., yo le amo. Y lo que es incomparablemente más afortunado para mí: Dios me ama. ¡Cambiaría tanto la vida de los hombres, si cayesen en la cuenta de esta espléndida realidad!

—Pero el mundo camina en otra dirección... Justo la contraria.

—Sí. Es tremendo que el hombre, por cuatro cachivaches técnicos que ha conseguido empalmar, se haya creído que puede prescindir de Dios y trate de arreglar esta vida con su solo esfuerzo... Pero ¿qué está consiguiendo? No es más feliz, no tiene más paz, no se siente más seguro, no progresa auténticamente, pierde el respeto a los demás hombres, malutiliza los recursos creados..., y él mismo es cada vez menos humano. La sociedad tecnificada y postindustrial de este siglo que vivimos ha perdido su norte. Está equivocada. Marcha fuera del camino..., por eso no avanza verdaderamente. Y esto lo afirmo y, si me lo pone por escrito, lo firmo.

—Yepes, ¿usted le daría la mano a un etarra asesino?

—Hay manos que se manchan de sangre apretando un gatillo, hay manos que se manchan de sangre provocando una guerra o practicando un aborto... Hay manos que se manchan firmando leyes que van contra la ley natural... Pero no hay ninguna mano definitivamente indigna. El hombre, por muy abyecto que sea, siempre está a tiempo para dejar de serlo. Vivir es eso: estar todavía a tiempo.

—Supongo, pues, que usted no es partidario de la pena de muerte.

—¡En modo alguno! ¿Quién es el hombre para disponer de la vida de otro hombre? Castigo al delincuente, sí. Pero pena de muerte, nunca. Quizá porque soy converso creo más que otros en la capacidad de regeneración y de redignificación del ser humano. Y no se debe cercenar esa posibilidad.

10. Gilbert K. CHESTERTON

La literatura es una de las formas de felicidad, y quizá ningún escritor me haya deparado tantas horas felices como Chesterton.

J. L. Borges

Agnosticismo y confusión

Gilbert Keith Chesterton (1874-1936) ha sido uno de los grandes escritores del siglo XX. Tan bohemio y excéntrico, tan irónico y lúcido, con tal sentido del humor y corpulencia que jamás pasó inadvertido. «Por lo que respecta a mi peso, nadie lo ha calculado aún», solía decir. Y en una conferencia: «Les aseguro que no tengo este tamaño, en absoluto. Lo que ocurre es que el micrófono me está amplificando». Su risa era sincera, alegre, contagiosa e inolvidable, hasta el punto de conseguir, en el teatro, que la gente dejara de mirar al escenario para reírse con él.

Vino al mundo en 1874, para iniciar lo que él llamaba «la aventura suprema». Con Cecil, su único hermano, amigo íntimo, se pasó la infancia y la juventud discutiendo, «hasta convertirnos en una peste para todo nuestro círculo social». Su amigo Edmund Bentley escribe:

> Chesterton llegó hasta donde una mente despierta puede examinar a fondo el mundo, con un estado de ánimo siempre alegre. No tenía un solo enemigo y poseía duplicada, como mínimo, la capacidad para disfrutar de las cosas. Desde pequeño tuvo un sentido del humor enormemente desarrollado, igual que el concepto de belleza y de veneración.

En 1892, el fin del colegio y el ingreso en la Universidad dispersó a los amigos. La pérdida fue para Chesterton muy profunda. En su *Autobiografía* describe esta nueva época como «llena de dudas, morbos y tentaciones que han dejado en mi mente, para siempre, la certeza de la solidez objetiva del pecado». También dirá que «el ambiente de mi juventud no era solo el ateísmo, sino la ortodoxia atea, y esa postura gozaba de prestigio». En *Ortodoxia* reconoce que:

> A la edad de doce años era yo un poco pagano, y a los dieciocho era un completo agnóstico, cada vez más hundido en un suicidio espiritual.

En el University College de Londres estudia arte, literatura inglesa, francés y latín. Allí se dedicó, entre otras cosas, al espiritismo, hasta llegar a «un estado de melancolía enfermiza y ociosa».

> Lo que yo llamo mi temporada de locura coincidió con un período de ir a la deriva y no hacer nada. Una época en la que alcancé la condición interior de anarquía moral, sumiéndome cada vez más en un suicidio espiritual. Supongo que mi caso era bastante corriente. Sin embargo, el

> hecho es que ahondé lo suficiente para encontrarme con el demonio, incluso para reconocerle de manera oscura.

Años más tarde, cuando Chesterton entabla amistad con el sacerdote John O'Connor y le expone su experiencia del mal, descubre con asombro que «el padre O'Connor había sondeado aquellos abismos mucho más que yo».

> Me quedé sorprendido de mi propia sorpresa. Que la Iglesia católica estuviera más enterada del bien que yo era fácil de creer. Que estuviera más enterada del mal, me parecía increíble.

El padre O'Connor conocía los horrores del mundo y no se escandalizaba, pues su pertenencia a la Iglesia católica le hacía depositario de un gran tesoro: la misericordia.

Superación del agnosticismo

> Después de haber permanecido algún tiempo en los abismos del pesimismo contemporáneo, tuve un fuerte impulso interior para rebelarme y desechar semejante pesadilla. Como encontraba poca ayuda en la filosofía y ninguna en la religión, inventé una teoría mística y rudimentaria: que incluso la mera existencia, reducida a sus límites más primarios, era lo suficientemente extraordinaria como para ser estimulante.

Esa teoría personal le hace «seguir unido a los restos de la religión por un tenue hilo de gratitud: daba las gracias a cualquier dios existente». Años más tarde, a propósito del pesimismo existencial que rezumaba la pluma de muchos escritores, escribe:

> En mi opinión, la opresión del pueblo es un pecado terrible; pero la depresión del hombre es un pecado todavía peor.

Un día de otoño de 1896, Chesterton vio a Frances Blogg por primera vez y se enamoró de ella. Aquella noche escribió en la soledad de su habitación unos versos «a la mujer que amo», donde explica que Dios creó el mundo y puso en él reyes, pueblos y naciones solo para que así se lo encontrara Frances. En el mismo cuaderno escribiría poco después que Frances «sería la delicia de un príncipe».

> Pero Frances practicaba la religión. Esto era algo extraño para mí y para el mismo ambiente de cultura alborotada en que ella vivía. Para todo ese mundo agnóstico, practicar la religión era algo mucho más complejo que profesarla.

En 1900, Chesterton conoce a Hilaire Belloc, un joven historiador de carácter apasionado, que le descubre el pensamiento social cristiano. Y entablan una amistad que duraría toda la vida. En 1901, Chesterton se casa con Frances y empieza a ser uno de los periodistas más conocidos y polémicos del país. En 1903 polemiza con el director del *Clarion*, Robert Blatchford, a propósito de su pensamiento determinista. Si hasta entonces podía pasar como agnóstico, desde ahora ha izado en su mástil la bandera del cristianismo.

De vacaciones en Yorkshire, los Chesterton conocen al padre O'Connor, un sacerdote que les sorprende con su inteligencia y simpatía. Pero Chesterton reconoce que:

> Si me hubieran dicho que diez años más tarde sería yo un misionero mormón en alguna isla de caníbales, no me hubiera sorprendido tanto como la idea de que quince años después yo haría con él mi confesión general y sería recibido en la Iglesia que él servía.

En el padre O'Connor, Chesterton nos dice que encontró un sacerdote, un hombre de mundo, un hombre del otro mundo, un hombre de ciencia y un viejo amigo.

1908. *Ortodoxia*

De algunos de sus contemporáneos escribió Chesterton que, al instalarse en el escepticismo y en una divagación sin contornos precisos, se hundían en la indeterminación de los animales errantes y en la inconsciencia del campo: «porque está claro que los árboles no producen dogmas, y que los nabos son muy tolerantes». Alguien le echó entonces en cara la comodidad de juzgar la visión de la vida de los demás sin haber expuesto la propia. Así surgió *Ortodoxia* en 1908, curioso libro de un autor que se confiesa apasionado por la visión cristiana de la vida sin ser cristiano. *Ortodoxia* sostuvo en la fe o llevó hasta ella a muchos lectores, y rozó el límite de la paradoja porque Chesterton no se convertiría al catolicismo y se bautizaría hasta pasados trece años. *Ortodoxia* constituye también una pacífica provocación intelectual:

> Si alguien me pregunta, desde el punto de vista exclusivamente intelectual, por qué creo en el cristianismo, solo puedo contestarle que creo en él racionalmente, obligado por la evidencia.

¿Qué evidencia? Chesterton reconoce en la opinión pública tres grandes convicciones anticristianas:

1ª. Que el ser humano es un mero animal evolucionado.

2ª. Que la religión primitiva nació del terror y de la ignorancia.

3ª. Que los sacerdotes han abrumado de amarguras y nieblas a las sociedades cristianas.

Estos tres argumentos son, para él, lógicos y legítimos, pero añade que lo único que les puede objetar es un punto que tienen en común: que los tres son falsos.

Respecto al primer argumento, Chesterton reconoce como evidente que el hombre se parece a los animales. En cambio, lo que resulta enigmático e inexplicable es el abismo que los separa, de suerte que «donde acaba la biología comienza la religión». En cuanto al segundo argumento, todas las grandes culturas conservan la tradición de un antiguo pecado seguido de un castigo, pero «los sabios parecen decir literalmente que esa calamidad prehistórica no puede ser verdadera, puesto que todos los pueblos la recuerdan». Del tercer argumento dirá que no lo ha visto realizado en ningún sitio, pues «aquellos países de Europa donde es grande la influencia del sacerdocio son los únicos donde todavía se baila y se canta, y donde hay todavía trajes pintorescos y arte al aire libre».

> Se dice que el paganismo es la religión de la alegría, y el cristianismo la religión del dolor, pero igual de fácil es probar la proposición inversa. Cuando el pagano contempla el verdadero corazón del mundo, se queda helado. Más allá de los dioses, que son simplemente despóticos, está el Hades, el reino mismo de la muerte. Y cuando los racionalistas afirman que el mundo antiguo era más ilustrado que el mundo cristiano, no les falta razón desde su punto de vista, pues por *ilustrado* entienden: enfermo de desesperaciones incurables.
>
> La alegría, que era la pequeña publicidad del pagano, se convierte en el gigantesco secreto del cristiano. Y al cerrar este volumen caótico, abro de nuevo el libro breve y asombroso de donde ha brotado todo el cristianismo, y la convicción me deslumbra. La tremenda imagen que alienta en las frases del evangelio se alza –en esto y en todo– más allá de todos los sabios tenidos por mayores.

Una variación del segundo argumento es hacer del cristianismo un fruto de épocas oscuras. Chesterton dirá que fue, por el contrario, «el único camino de luz en las edades oscuras, como un puente luminoso tendido sobre ellas entre dos épocas luminosas».

> Al que dice que la fe ha brotado del salvajismo y la ignorancia, hay que contestarle que no: que nació de la civilización mediterránea, en la plena germinación del gran Imperio Romano. Cierto que después se hundió el barco, pero no es menos cierto y asombroso que volvió a resurgir recién pintado y deslumbrante, siempre con la cruz en lo alto. Y este es el asombro de la religión: haber transformado un barco hundido en un submarino. Bajo el peso de las aguas, el arca sobrevivió. Tras el incendio y bajo los escombros de las dinastías y los clanes, nos alzamos para acordarnos de Roma.
>
> Si la fe solo hubiera sido un capricho del decadente imperio, ambos se habrían desvanecido en un mismo crepúsculo. Y si la civilización había de resurgir más tarde (y las hay que no han resurgido), hubiera tenido que ser bajo alguna nueva bandera bárbara. Pero la Iglesia cristiana era el último aliento de la vieja sociedad y el primer aliento de la nueva. Congregó a los pueblos que olvidaban ya cómo se levantan los arcos, y les enseñó a construir el arco gótico. En una palabra, lo que se dice contra la Iglesia es lo más falso que de ella puede decirse. ¿Cómo afirmar que la Iglesia quiere hacernos retroceder hasta las edades oscuras, cuando a la Iglesia debemos el haber podido salir de ellas?

Chesterton repite que su cristianismo es una convicción racional, y que los agnósticos se han equivocado al escoger sus hechos. Además, nos dice que tiene otra razón más profunda para aceptar la verdad cristiana, y es que la enseñanza de la Iglesia es algo vivo, no muerto: algo que nos explica el pasado y nos alumbra el futuro:

> Platón os comunicó una verdad, pero Platón ha muerto. Shakespeare os deslumbró con una imagen, pero no lo hará de nuevo. En cambio, figuraos lo que sería vivir con ellos, saber que Platón podría leernos mañana algo inédito o que Shakespeare podría conmover al mundo con una nueva canción. El que está en contacto con la Iglesia viviente es como el que espera encontrarse con Platón o Shakespeare todos los días, en el almuerzo, con nuevas verdades desconocidas.

Más argumentos

Chesterton supo confirmar en la fe a muchos amigos y conocidos. Un día escribe a la hija de unos amigos:

> Mi querida Rhoda: la fe también es un hecho y está relacionada con hechos. Yo sé razonar al menos tan bien como los que te dicen lo contrario, y me extrañaría que quede por ahí alguna duda que yo no haya albergado, examinado y disipado. Yo creo en Dios, Padre Todopoderoso, Creador del cielo y de la tierra, y creo en las otras cosas extraordinarias que decimos en esa oración. Y mi fe es tanto mayor cuanto más contemplo la experiencia humana. Cuando te digo «que Dios te bendiga, mi querida niña», dudo tan poco de Él como de ti.

En 1910 publica Chesterton *La esfera y la cruz,* una discusión de dos hombres honrados sobre lo que el autor considera la cuestión más importante del mundo: la verdad del cristianismo. El mismo año, un artículo de Robert Dell afirmaba que el hombre que se hace católico «deja su responsabilidad en el umbral y cree en los dogmas para librarse de la angustia de pensar». Chesterton responde así:

> Euclides, al proponer definiciones absolutas y axiomas inalterables, no libra a los geómetras del esfuerzo de pensar. Al contrario, les proporciona la ardua tarea de pensar con lógica. El dogma de la Iglesia limita el pensamiento de la misma manera que el axioma del Sistema Solar limita la Física: en lugar de detener el pensamiento, le proporciona una base fértil y un estímulo constante.

Poco después, en el *Daily News*, Chesterton invita a los racionalistas a ser realmente razonables y lógicos:

> Yo creo –porque así lo afirman fuentes autorizadas– que el mundo es redondo. Que pueda haber tribus que crean que es triangular u oblongo no altera el hecho de que indudablemente el mundo tiene una forma determinada, y no otra. Por tanto, no digáis que la variedad de religiones os impide creer en una. No sería una postura inteligente.

1922. Conversión

> En primer lugar quisiera decir que mi conversión al catolicismo fue completamente racional (...). Me bauticé en un cobertizo de lata situado en la trasera de un hotel de estación. Lo acepté porque así resultaba mucho más convincente para mi mente analítica.
>
> Cuando la gente me pregunta «¿por qué ha ingresado usted en la Iglesia de Roma?», la primera respuesta es: para desembarazarme de mis pecados. Pues no existe ningún otro sistema reli-

gioso que haga realmente desaparecer los pecados de las personas.

Catorce años antes de su conversión había escrito en el *Daily News*, en respuesta a cierto articulista:

> A su juicio, confesar los pecados es algo morboso. Yo le contestaría que lo morboso es no confesarlos. Lo morboso es ocultar los pecados dejando que le corroan a uno el corazón, que es el estado en que viven felizmente la mayoría de las personas de las sociedades altamente civilizadas.

Chesterton hubiera estado plenamente de acuerdo con estas palabras de Evelyn Waugh: «Convertirse es como ascender por una chimenea y pasar de un mundo de sombras, donde todo es caricatura ridícula, al verdadero mundo creado por Dios. Comienza entonces una exploración fascinante e ilimitada». Hubiera suscrito estas palabras porque consideraba al cristianismo como un hecho histórico excepcional, verdaderamente único, sin precedentes, sin semejanza con nada anterior ni posterior. No una teoría, sino un hecho: el hecho de que el misterioso Creador del mundo ha visitado su mundo en persona. El hecho más asombroso que ha conocido el hombre, la historia más extraña jamás contada.

> Sé que el catolicismo es demasiado grande para mí, y aún no he explorado todas sus terribles y hermosas verdades.
>
> No sé explicar por qué soy católico, pero ahora que lo soy no podría imaginarme de otra manera.
>
> Estoy orgulloso de verme atado por dogmas anticuados y esclavizado por credos profundos (como suelen repetir mis amigos periodistas con tanta frecuencia), pues sé muy bien que son los credos heréticos los que han muerto y que solo el

> dogma razonable vive lo bastante para que se le llame anticuado.

Sobre la Iglesia católica dirá:

> No existe ninguna otra institución estable e inteligente que haya meditado sobre el sentido de la vida durante dos mil años. Su experiencia abarca casi todas las experiencias, y en particular casi todos los errores. El resultado es un plano en el que están claramente señalados los callejones sin salida y los caminos equivocados, esos caminos que el mejor testimonio posible ha demostrado que no valen la pena, el testimonio de aquellos que los han recorrido antes (...). Además, la Iglesia defiende dogmáticamente a la humanidad de sus peores enemigos, esos monstruos horribles, devoradores y viejos que son los antiguos errores.

El párroco de Chesterton recuerda que «la mañana de su Primera Comunión era plenamente consciente de la inmensidad de la Presencia Real, porque el sudor le cubría por completo en el momento en que recibió a Nuestro Señor. Cuando le felicité me dijo: Ha sido la hora más feliz de mi vida». Con anterioridad, Chesterton le había confiado: «Me aterra la tremenda Realidad que se alza sobre el altar. No he crecido con ello y es demasiado abrumador para mí».

A propósito de uno de sus mejores amigos, converso como él, Chesterton escribe:

> Los dos hemos hablado con un gran número de personas sobre cantidad de asuntos importantes, hemos contemplado parte del mundo y de sus filosofías, y no tenemos ni sombra de duda sobre cuál ha sido el acto más inteligente de nuestras vidas.

Dos biografías y *El hombre eterno*

Su célebre biografía sobre san Francisco de Asís aparece en 1923. Chesterton quiere demostrar que la vida de un santo puede ser una historia mucho más romántica que la mejor de las novelas. La admiración de Chesterton hacia san Francisco está ligada a su convicción de que la inocencia, la risa y la humildad infantiles son superiores a cualquier forma de escepticismo.

En 1925, *El hombre eterno* es la respuesta de Chesterton al libro de Wells *Bosquejo de la Historia*, un ensayo donde Cristo merecía muchas menos páginas que las campañas de los persas contra los griegos. Chesterton divide su libro en dos partes. La primera es un resumen de la gran aventura de la raza humana hasta que deja de ser pagana. La segunda, un sumario de la diferencia que se produjo al hacerse cristiana. *El hombre eterno* ha sido considerada la obra maestra de Chesterton. Para Evelyn Waugh era un libro «magnífico y popular, de una claridad meridiana, un monumento permanente». C.S. Lewis escribirá: «Leí *El hombre eterno* de Chesterton y por primera vez vi toda la concepción cristiana de la historia expuesta de una forma que me parecía tener sentido».

Los editores del *San Francisco de Asís* piden a Chesterton, diez años más tarde, una biografía de santo Tomás de Aquino. Su secretaria recordaba que, tras despachar los asuntos diarios, Chesterton le decía de pronto: «Vamos a ponernos un rato con Tommy». De este modo le dictó la mitad de la biografía, sin consultar un solo libro. Al final le pidió que fuera a Londres para buscarle algunos libros. ¿Qué libros? No sabía. Ella escribió entonces al padre O'Connor y recibió una lista con la mejor bibliografía sobre el santo. Chesterton hojeó los libros rápidamente y dictó el resto del libro sin volver a consultar ninguno de ellos.

Si Etienne Gilson había dicho que *Ortodoxia* era la mejor apología cristiana que había producido el siglo XX, de la biografía de santo Tomás afirmó: «Creo que es el mejor libro que se ha escrito jamás sobre santo Tomás, sin comparación posible». Y también: «Chesterton hace que uno se desespere. He estado estudiando a santo Tomás durante toda mi vida y jamás podría haber escrito un libro como el suyo».

Chesterton murió el 14 de junio de 1936. De su entierro escribió uno de sus amigos:

> Sigo al féretro con los restos mortales de mi capitán. Atravieso con él las tortuosas calles de la pequeña localidad. Estamos dando un rodeo, porque la policía se ha empeñado en que Gilbert tiene que realizar su último viaje pasando por las casas de aquellos que le conocieron y que más le quisieron. Y allí estaban todos, abarrotando las calles (...). Como dice Edward MacDonald, era el señor del distrito y nunca lo supo.

Chesterton concebía el cielo según la expresión *terra viventium,* de Tomás de Aquino: la tierra de los vivos. También solía decir que la muerte es una broma del Rey bueno, escondida con muchísimo cuidado. Y en dos versos dejó escrito que *jamás se ha reído nadie en la vida / como yo me reiré en la muerte*. Había envejecido sin aburrirse un solo minuto, y daba gracias por su «protagonismo en este milagro que supone estar vivo y haber recibido la vida del único que puede hacer milagros».

Citas de Chesterton

Sobre la razón y la fe

1. Sin Creador, el Universo es algo así como una inmensa inundación de agua saliendo de ningún sitio.
2. Este mundo no se explica por sí mismo. En realidad, responde al diseño de una voluntad personal, presente en su obra como el artista en la obra de arte.

3. Si el Universo del materialista es verdadero, entonces tiene poco de Universo. Se puede mover y expandir sin cesar, pero ni en su más remota galaxia encontraremos nada realmente interesante, algo que se parezca, por ejemplo, al perdón o a la libertad.
4. Si la ciencia me dice que los fenómenos son necesarios, yo estoy convencido de que responden a una voluntad libre, a un poder mágico tras el que se oculta un mago. Siempre me ha parecido que la vida es, ante todo, un cuento. Y esto supone la existencia de un narrador.
5. Los padres de la ciencia afirmaron que toda investigación había de apoyarse en los hechos. El mismo convencimiento tuvieron los padres del cristianismo, y lo edificaron sobre un hecho empírico –el pecado–, tan evidente como que hay patatas.
6. Dios es, por naturaleza, un nombre lleno de misterio, y nadie puede imaginar cómo ha podido crear el mundo, lo mismo que nadie se siente capaz de crearlo. En cambio, la palabra *evolución* rima con *explicación,* y tiene la peligrosa cualidad de parecer que lo explica todo.
7. Hay evolucionistas que no pueden creer en un Dios que hace las cosas de la nada, y en cambio creen que de la nada han salido todas las cosas. No advierten que el problema del mundo consiste en que no se explica por sí mismo.
8. Lo cierto es que el hombre mira a su alrededor y ve un mundo ordenado según ciertas leyes, y una verde arquitectura que se construye a sí misma sin ayuda de manos visibles, según un plan predeterminado, como un dibujo ya trazado en el aire por un dedo invisible.
9. Esa constatación ha llevado a la mayoría de la humanidad a pensar que el mundo obedece a un

plan. Un plan trazado por algún extraño e invisible Ser, que al mismo tiempo es un amigo, un bienhechor que ha colocado los bosques y las montañas para recibirnos, y que ha encendido el sol como un criado prepara el fuego a sus señores.

10. Todo esto lo han deducido los filósofos de todas las épocas. Lo que jamás pudieron deducir es el hecho más extraordinario y único de nuestra Historia: que el misterioso hacedor del mundo ha visitado el mundo en persona.
11. Los primeros cristianos eran personas que poseían una llave diferente a todas las demás, y todo el cristianismo primitivo consistió en proclamar la posesión de esa llave única, que podía nada menos que abrir la prisión del mundo entero, para salir al día luminoso de la libertad.
12. La eficacia de una llave requiere que su forma no se deforme. Por eso el credo cristiano se empeña en conservar su forma. Además, una llave puede tener una forma compleja, pues tiene que entrar en un hueco irregular y adaptarse a él. Si el cristianismo se hubiera lanzado al mundo con cuatro simplezas sobre la paz y la sencillez de espíritu, no hubiera tenido el menor efecto sobre nuestro magnífico y laberíntico manicomio. Pero la llave cristiana es realmente compleja, y gracias a ello tiene también una cualidad muy simple: consigue abrir la puerta.
13. Siento que la religión cristiana dice verdades, mientras las filosofías dicen cosas que parecen verdades.
14. El hombre está hecho para dudar de sí mismo, no para dudar de la verdad, y hoy se han invertido los términos.
15. Para entrar en la Iglesia hay que quitarse el sombrero, no la cabeza.

16. Cuando perdemos la fe, perdemos también la razón.
17. Somos cristianos y católicos no por adorar una llave, sino por haber traspasado una puerta y haber sentido la brisa de la libertad sobre una tierra maravillosa.
18. El cristianismo ha muerto varias veces, pero ha resucitado otras tantas. Al menos ha renacido en Europa en cinco ocasiones: con los arrianos y los albigenses, con los humanistas escépticos, después de Voltaire y antes de Darwin. Cinco revoluciones que arrojaron la fe a los perros, y en cada uno de los cinco casos no pereció la fe, sino que perecieron los perros.
19. «El cielo y la tierra pasarán, pero mis palabras no pasarán». La civilización romana parecía dominarlo todo, y los hombres no pensaban en su fin, como no podían pensar en que se apagara la luz del sol. Sin embargo, Roma pasó y no han pasado las palabras de Cristo. Después, la religión estuvo tan bien tejida en la malla del feudalismo, que nadie pudo imaginar su separación. Sin embargo, el feudalismo y la Edad Media desaparecieron, y la promesa divina perduró a través del radiante Renacimiento. Se creyó que la religión perecería bajo la intensa y cegadora luz del Siglo de las Luces, y más aún como consecuencia del terremoto de la Revolución Francesa, pero no fue así. Y cuando los historiadores empiezan a estudiarla como un fenómeno del pasado, asoma de pronto en el futuro.
20. Ahora los hombres siguen acechando a la religión para ver si vacila o se equivoca, pero ya no esperan que desaparezca. Saben que antes pueden esperar la colisión con un meteorito o el enfriamiento total de nuestro propio planeta.

Sobre Jesucristo

21. Nadie había imaginado la posibilidad de Dios viviendo entre los hombres, hablando con funcionarios romanos y recaudadores de impuestos. Pero la mano del Dios que había moldeado las estrellas se convirtió de repente en la manecita de un niño que gimotea en una cuna.
22. Ese hecho, admitido en bloque por la civilización occidental durante dos milenios, es, sin ninguna duda, el hecho más asombroso que ha conocido el hombre desde que pronunció la primera palabra articulada.
23. Voy a colocarme en la posición de una persona que lee la historia del Cristo como la historia de un hombre, sin haber oído nada previo sobre Él. Si una lectura de esta naturaleza no lleva a creer inmediatamente, al menos provocará un aturdimiento que solo lo despejará la fe. Al leer el Evangelio, ese lector no encontrará vulgaridades. Eso es algo que no puede decirse de ningún filósofo, pues el pensamiento ético de los mejores no es más que una brillante catarata de trivialidades.
24. Un periodista ha escrito que quien crea en la resurrección de Cristo también está obligado a creer en Aladino y *Las mil y una noches.* No tengo ni idea de lo que pretende decir con eso, y supongo que él tampoco. Porque hay una razón clara y concreta para considerar verdadero el milagro del Evangelio –o, al menos, que con esa intención ha sido narrado–, y una razón clara y concreta para apreciar que el famoso cuento árabe no solo no es verdadero, sino que ni siquiera tiene intención de serlo.
25. El primer argumento a favor de la Resurrección de Cristo es de lo más simple: cualquiera habría tenido motivos para denunciar la desaparición del ca-

dáver de Jesús. Cualquiera salvo los apóstoles, en el caso de que ellos lo hubieran escondido para anunciar un falso milagro. Además, se hace muy difícil imaginar a nadie dejándose torturar y matar por defender una mentira.

26. A quienes afirman que la fe es irracional habría que preguntarles por qué ha parecido razonable a millones de europeos cultos, a través de tantas y tantas generaciones y revoluciones. Más que irracional, pienso que el cristianismo es la misma razón. Como Atenea del cerebro de Zeus, el cristianismo surgió de la mente de Dios, maduro y poderoso.
27. No me importa que los escépticos digan que todo esto es un cuento chino, mientras no me expliquen cómo un cuento chino permanece en pie tanto tiempo, y cómo ha llegado a ser el hogar de tantos hombres.

PALABRA HOY

libros para enriquecer los temas de mayor actualidad

DESCODIFICANDO A DA VINCI
Los hechos reales ocultos en El Código Da Vinci
Amy Welborn
9ª edición

DESCODIFICANDO A MARÍA MAGDALENA
Verdad, leyendas y mentiras
Amy Welborn

EL ENGAÑO DA VINCI
100 preguntas y respuestas sobre los hechos y la ficción de El Código Da Vinci
Mark Shea y Edward Sri
2ª edición

EL ÁNGEL DE FILIPPA
Textos tomados de los diarios de Filippa Sayn-Wittgenstein
Editados por: Alexander y Gabriela Sayn-Wittgenstein y Vittorio Mazzetti d´Albertis
4ª edición

UNA MAGIA PROFUNDA
Guía de Las Crónicas de Narnia
Luis Daniel González
2ª edición

LA GUERRA CONTRA LOS CHICOS
Cómo el feminismo mal entendido daña a los chicos jóvenes
Cristina Hoff Sommers

BENEDICTO XVI
Una mirada cercana
Peter Seewald

EL PLANETA PRIVILEGIADO
Cómo nuestro hogar en el cosmos está diseñado para el descubrimiento
Guillermo González y Jay W. Richards

UN MÁS ALLÁ PARA LA HOMOSEXUALIDAD
El poderoso testimonio de un viaje hacia la fe
David Morrison

MI VUELTA A DIOS
Cuando comencé a pensar de nuevo en Dios
Peter Seewald
2ª edición

MADRE ANGÉLICA
La apasionante historia de una monja que fundó una televisión mundial
Raymond Arroyo

Y EL HOMBRE APARECIÓ SOBRE LA TIERRA.
¿CREACIÓN O EVOLUCIÓN?
Fiorenzo Facchini

GENERACIÓN BENEDICTO.
Preguntas profundas que se hacen los jóvenes.
Respuestas en el espíritu del Papa
Prólogo del Papa Benedicto XVI
2ª edición

ÁNGELES EN LA TIERRA
Experiencias de madres valientes
Ondina Vélez Fraga y Pablo F. Gutiérrez Carreras
2ª edición

10 ATEOS CAMBIAN DE AUTOBÚS
José Ramón Ayllón
5ª edición

UNA BELLA HISTORIA
La conversión de Eduardo Verástegui y las vidas que ha cambiado
Jaume Figa i Vaello y Tim Drake

EL CIELO SOBRE HOLLYWOOD
Grandes películas que hablan sobre Dios, familia y amistad
José García Pelegrín

DIEZ CLAVES DE LA EDUCACIÓN
José Ramón Ayllón